일상의
몸과
소통하기

일상의 몸과 소통하기

초판 1쇄 발행 2016년 12월 30일

지은이 강미희
펴낸이 권경옥
펴낸곳 해피북미디어
등록 2009년 9월 25일 제2009-000007호
주소 부산광역시 연제구 법원남로15번길 26, 204호
전화 051-555-9684 | 팩스 051-507-7543
전자우편 bookskko@gmail.com

ISBN 978-89-98079-18-5 03680

*이 도서의 국립중앙도서관 출판시도서목록(CIP)은 서지정보유통지원시스템
홈페이지(http://seoji.nl.go.kr)와 국가자료공동목록시스템(http://www.nl.go.
kr/kolisnet)에서 이용하실 수 있습니다.(CIP제어번호:2016031416)
*본 도서는 2016년 부산문화재단 학예이론도서발간지원사업의 일부 지원으로 발간됩니다.

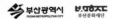

「예술문화총서 06」

일상의
몸과
소통하기

How to
Communicate
with Your
Body

강미희 지음

해피북미디어

차례

프롤로그

　'경험(Experience)'은 우리의 삶에 있어서 실제적인 지혜의 창고 역할을 하며 인류의 시작부터 오늘날까지 우리들의 생활사를 이어가는 데 도움을 주는 통찰의 축적을 의미한다. 삶의 경험을 토대로 자신의 정서를 신체 움직임을 통해 표현하는 무용예술에 있어서도 개인의 경험, 나아가 인간 공동의 경험은 아주 중요한 위치를 차지한다.

　경험에 관하여는 그동안 많은 사상가들이 관심을 기울여 탐구했지만 존 듀이(John Dewey)만큼 체계적이고 폭넓게 그리고 현대적 시각으로 논한 사람은 찾아보기 어렵다. 그의 예술철학에서 가장 핵심이 되는 '경험'은 특정한 예술가와 예술작품에 국한된 개념이 아니라 일상생활에서의 예술적 경험이다. 그가 말하는 경험의 핵심은 인간과 예술, 인간과 사회, 인간과 자연, 인간과 인간 자신과의 상호 작용 속에서 얻어지는 것으로서 우리들이 경험적으로 친숙한 모든 정신은 신체와 관련을 가지며 자연적 매개체 안에 상호작용하며 존재하게 된다고 한다.

아트캠프 하쿠슈(ARTCAMP Hakushu), 1992

　듀이의 경험 철학에 깊은 공감을 하게 된 나의 배경에는 대학 졸업 후 아시아적 춤 미학에 빠져 있던 내가 20대 후반에 일본에 유학하여 야마나시 현에 위치한 하쿠슈(白洲)의 작은 시골 마을에서 세계적으로 저명한 부토(舞踏)무용가 다나카 민(田中泯)선생님을 만나 함께했던 2년간의 농업 공동체 생활이 있다.

　민 선생님은 공간 포섭 개념, 체험적 공간 개념으로 그 지역의 특성을 반영하고, 지역민과 세계 각국에서 찾아드는 다문화적 공동체로 누구나 참여할 수 있는 독자적인 문화예술축제의 새로운 패러다임을 주도하고 있었다. 여기서 나는 자연환경과 문화예술을 농장생활과 접목한 아트캠프 하쿠슈(ARTCAMP Hakushu)를 매년 지켜보며 문화예술교육과 창작 공연에 직접 참여하는 경험을 하였다.

민 선생님과 마이주꾸(舞塾) 무용단이 생활하는 신체기상농장(身體氣象農場 -body weather farm)에서는 하루하루의 일상이 늘 새로웠다. 나는 민 선생님에게 배움을 받으러 온 각국의 예술가들과 공동체 생활을 하며 자연과 인간 그리고 노동 과정을 통한 사색, 사물을 지켜보는 과정을 통하여 움직임을 창조하는 표현의 방법을 터득하였다. 특히 중요한 물화(物化)되는, 몸이 자연의 일부로 귀화하는 미학을 통해 많은 영감을 받을 수 있었던 나는 생활 경험을 통하여 얻은 춤에 대한 깨달음으로 기존의 춤 방식에서 탈피하게 되었다.

내가 갔던 시기는 1992~1993년이었는데 그때는 80년대부터 시작되었던 축제와 캠프가 무르익어가던 시기였다. 나는 80년대 대학 재학 시절부터, 그리고 졸업 후 줌 현대무용단 동인그룹을 결성하여 광안리 모래사장과 남천동 방파제의 수평선을 배경 삼아 딱딱한 시멘트 바닥에서 춤 공연에 빠져봤던 경험자였으나, 산과 숲 그리고 들이 펼쳐져 있는 타국의 작은 마을에서 경험하게 되는 자연과 함께 하는 몸 워크숍과 창작 공연 그리고 다양한 예술 장르가 통합된 문화예술 축제는 나의 미래를 예감하는 가슴 벅찬 일이었다.

부산 여름야외축제, 1991

그 시절 나의 일상이 되었던 일본의 작은 농촌 마을에서 나는 집중적으로 사계절을 관찰하며 많은 것을 느낄 수 있었다. 자연의 순환과 계절마다 다른 다양한 야채 재배, 쌀을 짓고 동물을 가축하는 노동에서 생성되는 신체 움직임은 곧 춤으로 창조되었다. 세계 각국에서 모여든 다문화 생활에서 우리 각자는 어떻게 소통하며 공동체로 생활해야 하는가를 늘 궁리하였고, 그러한 생활 경험을 춤으로 승하시켰던 다나카 민 선생님의 신선하고 건강한 춤 철학을 이해하였으며, 경험이 삶과 예술을 얼마나 풍요롭게 할 수 있는가에 대한 생각을 더욱 확신하게 되었다.

　　선생님은 평범한 농가를 예술의 향기가 넘치는 국제적인 장소로 탈바꿈시켰다. 자연에서 이루어지는 창조적인 몸 워크숍과 창작 공연 프로그램에 이끌려 일본 각지와 세계 도처에서 모여든 예술가들과 주민들이 협력하여 최선을 다하는 모습은 감동적이었다. 그리고 그것은 이색적이고 미래 지향적이며 건강한 생활 속의 예술로 자리 잡기에 충분하였다.

일상의 몸과 소통하기

1994년 일본에서 귀국한 후 곧바로 부토의 창시자 히지카타 다츠미(土方巽)의 부토관(舞踏觀)에 관한 연구를 시작하였다. 1997년 석사학위를 받고 난 이후에는 잠시 한국에서 나 자신의 정체성과 사회적 소속감을 느낄 수 없어 3개월 기간으로 3개국 유럽 춤 탐방 순례를 떠났다. 그리고 돌아와 무용가로서 교사의 꿈을 가져본 적이 없었던 내가 브니엘 예술중고등학교에 취직하여 청소년을 교육하게 되는 기회를 가지게 되었다.

이 시기에 나는 창의적 신체 표현 활동에 관한 교안과 창작 수업 과정을 개발하여 자연스럽게 교육청이 요청하는 우수 장학 시범 오픈 클래스(Open Class)를 시도하게 되었다. 그리하여 청소년뿐만 아니라 초등학교 아동과 부모 그리고 교육감과 장학관 및 교사들을 위한 창의적 신체 표현 활동에 집중하게 되었다.

섬머 하쿠슈 아트페스티벌 아트캠프 설치미술 작품, 1992

그렇게 한동안 교육자의 역할에 집중했던 나 자신을 돌아보고 무용가로 존재하기를 희망하는 몸부림으로 2002년에는 서울 예술의전당 자유소극장에서 미야(美·野-Beautification of the Wild) 솔로 공연을 기획, 안무하며 출연하였다. 이때 내 춤의 관객이었던 서울여성문화예술기획사는 이후 여성의 자기발견과 즐거운 담론을 위한 여성의 자기표현 워크숍에 나를 '자아를 찾아가는 춤 여행' 강사로 초대하였다. 여기서 나는 몸 표현을 통해 소통하는 체험 강의로 누구나 추는 춤을 사회적으로 확산할 수 있는 가능성을 타진해보는 기회를 가지게 되었다.

　　그리고 많은 시간이 흘러 2016년 오늘도 나는 부산의 문화예술교육 현장에서 누구나 참여할 수 있는 생활 경험 예술로서의 자유로운 춤, 모든 이를 위한 춤(dance for all), 평생 활동으로서의 춤(dance as a life-long activity)으로 그 무한한 가능성을 열어가고 있다.

　　우리 사회는 문화와 감성의 시대를 희망하며 세계는 창의문화의 시대로 전환되고 있다. 그 어느 때보다 문화예술의 역할이 강조되는 시대이다. 삶의 방식과 그 표현에 있어 독창성과 다양성을 선망하는 오늘의 춤은 이제 단순한 볼거리나 놀이로서의 정형 예술이 아니다. 자신과 세계를 표현하는 하나의 신체언어(body language)로서, 그리고 일상적인 생활 경험 예술의 한 장르로서 점차 그 중요성이 고양되고 있는 것이다.

나는 무용가로 일반인과 함께 무대에 오르고, 다양한 대상과 계층을 위한 소통과 관계 중심의 몸짓 프로그램을 기획하여, 부산 지역의 각 기관과 연계해서 이웃을 찾아가는 프로그램을 개발하였다. 이러한 지역사회와 소통하는 네트워크 과정을 통하여 참여자 모두를 공동체 춤의 주체로 세울 수 있었다.

그러나 향후 이러한 과정이 일회성으로 끝나지 않고 연속성을 지녀 지역사회로 퍼져나가고 '생활 무용'으로 구축되어 우리 모두가 일상에서 문화예술의 주체자로 설 수 있고 미적·문화적 감성이 살아 있는 창조적이고 건강한 몸으로 삶을 이어갔으면 하는 나의 바람이다.

무용가로 글쓰기에 서툰 내가 용기를 내어 책을 집필하게 된 배경에도 이러한 마음이 있었다. 또한 그동안 부산 지역의 문화예술교육 현장에서 활동했던 나의 경험들을 총합하는 정돈의 과정이 필요하기도 했다. 이러한 작업은 누구나 어려워하는 몸의 표현과 소통을 통한 춤으로 통합적 사고를 이루어내고, 동시에 일상에서 함께 이루어지는 문화예술교육의 활성화를 내다보는 미래 전망과 발전 방향을 짚어보는 중요한 단서가 되어줄 것이다.

또한 그동안 다양한 대상과 함께 이루어지고 진행되어온 일상의 몸과의 소통에 관한 프로그램 진행 경험들은 이 책을 읽는 독자들에게 도움이 될 뿐만 아니라 나 스스로의 성찰과 더불어 앞으로 무용가로서 내가 해야 할 사회적 역할에 대하여 더 깊이 고민하게 하는 소중한 자산이 되어줄 것이다.

이 책은 1장에서 5장으로 구성되어 있다.

제1장은 프로그램의 과정에서 친밀감을 이끌어내는 소통의 요소로 빠트릴 수 없는 접촉 움직임을 데스몬드 모리스 접촉, 일본의 전위무용가 다나카 민의 신체훈련에서의 접촉 움직임 기법, 즉흥 춤, 미국 현대무용가 스티브 팩스톤의 접촉 즉흥의 특징에 관하여 살펴보았다.

제2장은 나를 무용가의 길로 들어서게 해주었던 유년기의 일상에서 만났던 천막극장에 대한 소중한 경험의 추억, 미국의 교육사상가 존 듀이(John Dewey) 경험 예술 철학, 일상에서의 경험으로서 지니는 생활 춤의 중요성과 그 의미, 문화예술교육 프로그램 자율연구 모임 활동을 살펴보았다.

제3장에서는 문화예술교육의 현장에서 만났던 다양한 대상에게 무용과 타 예술과 융합되어 통합적으로 표현되어 발현하는 과정을 통하여 몸과 타 예술의 소통으로부터 새로운 형식으로 통합되는 춤 프로그램 사례를 토대로 통합문화 예술교육의 특징을 살펴보았다.

제4장 '공동체 춤으로서의 커뮤니티'에서는 그동안 기획 진행되어왔던 프로 그램의 자체적 결과 발표에서 끝나지 않고, 프로그램 참여자가 주도하여 시민 과 함께 공유하는 공동체 춤으로서 지역사회 네트워크 성과 사례를 토대로 미 래 비전 제시와 지역사회 생활 춤 활성화에 대하여 살펴보았다.

제5장은 그동안 부산지역에서 이루어졌던 다양한 대상의 문화예술교육 현장 사례를 담아보았다.

관계와 소통을 위하여
접촉 즉흥 춤을 추실까요?

수업을 통해 사람들과 친밀감을 이끌어내는 나만의 '접촉 놀이'가 있다. 이 놀이로 떨림이 지속되고 꿀맛 같은 기분이 된다. 그리고 서로의 몸을 바라봐주며 자연스럽게 움직이게 되고, 어른이나 아이들이 흥미진진한 몸 활동으로 웃음이 끊이지 않게 된다. 그래서 교실이 활기찬 움직임으로 밝아지고, 웃음과 대화로 모두가 유쾌해진다.

친밀감을 주는 소통이란?

『인간의 친밀 행동』을 펴낸 '접촉(touching)'의 작가 데스몬드 모리스는 인간은 왜 다른 인간에게 접촉하려고 하는가? 왜 접촉하고 싶어 하는 욕망을 갖는가? 왜 접촉에 약한가? 라는 물음에 대하여, 접촉은 인간이라는 동물이 인간답게 살아가기 위한 기술이라고 말하고 있으며 복잡한 사회생활에 지쳐서 위로를 받아야 할 현대인에게 가장 필요한 것이 무엇인지를 제시하고 있다. 인간들 사이의 오해와 불신이 인간이라는 존재 자체에 관한 무지에서 비롯되었다고 볼 때 모리스는 좀 더 따뜻하고 원활한 사회생활의 운영을 위한 구성원들의 바람직한 자세를 말해준다.

최근 우리 사회는 몸 접촉과 관련된 여러 사건과 문제들이 사회적으로 이슈화되고 있다. 그러한 현실에서 과거에는 그나마 배웠던 몸에 대한 태도나 예의범절에 관련된 학교 교육, 사회 교육이 오늘날에 와서는 사라진 점을 실감하게된다. 사회생활을 하는 우리는 몸의 접촉에 대한 태도에 있어 어떤 경계와 기준을 정하고 행하여야 하는가에 대하여 정확한 약속이 되어 있지 않다. 몸의 접촉은 원시사회부터 오늘날에 이르기까지 무언의 가장 인간적인 대화이기도 하기에 그 경계 짓기는 참으로 모호하기만 하다. 이러한 이유로 현대사회에서 몸의 접촉은 오해와 불신의 척도에까지 미치고 있다.

평소 나는 창의적 사고뿐만 아니라 구성원의 정체성 찾기나 사회적 활동으로 소진된 에너지를 회복시켜주기 위하여, 혹은 집단의 공동체 강화 및 시대 변화에 따른 감성지수를 키우는 구성원의 역량 강화 등을 위한 사회교육 활동으로 다양한 대상과 계층을 만나 자주 프로그램을 진행해왔다.

또 간혹 사회적으로 문제를 일으켜 생각과 행동을 수정받아야 하고 동시에 몸과 마음의 치유를 필요로 하는 특정 대상이 수강명령을 받고 있는 보호감찰소로 찾아가 그들의 행동과 관련된 접촉의 문제와 피폐해진 정서를 조금이나마 풀어주어야 하는 일도 있다.

늘 나는 몸과 움직임 그리고 춤에 있어서 습관과 경험이 없는 초보자들을 향해 제일 먼저 몸의 활동성과 친밀성을 이끌어내기 위한 방편으로 2인 1조가 되어 하는 접촉 움직임 활동을 빠트리지 않고 시도한다.

이러한 몸의 접촉 움직임 활동 과정은 신체 부위별 명칭 확인에서 시작하여 몸의 긴장을 풀어주며 수업을 함께하게 될 상대방과의 원활한 소통을 우선으로 한다. 특히 서로의 눈 맞춤과 몸의 각 부위 접촉을 통해 그동안 잊고 있었던 몸의 감각을 열어주고, 서로의 움직임을 통해 새로운 깨달음을 얻게 되어 흥미를 불러일으키기 때문에 몸 활동의 동기를 부여하는 데 금상첨화이다.

몸의 접촉 움직임 활동으로 소극적이었던 사람이나, 조금은 불안해 보였던 참여자들의 굳은 표정과 긴장된 몸들은 서투름에서 잽싸게 또 재치 있게 순발력 있는 몸으로 변한다. 저절로 서로 부둥켜안으며 웃게 되고, 상대방과의 눈 맞춤으로 즐거워진다. 그리하여 공간은 훨씬 밝아지며 참여자들의 몸으로부터 뿜어져 나오는 힘찬 에너지로 그 열기가 뜨거워지는 것을 느낄 수 있다.

그리고 나는 접촉을 시도하면서 늘 참여자에게 큰 목소리로 외친다.

지금부터 아동이 되어 나와 함께 움직여 달라고.

나의 이러한 요청에는 나름의 의도가 있다.

그동안 사회생활에 젖어 있던 성인의 인격을 그대로 지니고서는 처음 경험하는 접촉 움직임에 서툴 수밖에 없고, 자유로운 동작 활동은 하기 어려울뿐더러 모처럼의 경험을 통해 몸의 원시성을 되찾고 자아를 찾아서 자신을 진정으로 들여다보게 되는 순수한 순간을 만나게 해주기 위해서이다.

댄스 하쿠슈에서 솔로 퍼포먼스 중인 다나카 민, 1998

친밀감 형성에서 중요하게 다루고 있는 접촉 움직임 기법은 내가 일본 유학 시절 접하게 된 다나카 민(田中泯) 선생님의 신체 워크숍에 적용된 것으로서, 신체 부위별 인지력을 통한 느낌과 감각 열기로부터 관계와 소통을 중요시하는 작업을 통하여 많은 것을 깨달아가는 터치 또는 접촉 즉흥 동작 기법을 함께 적용하여 자신과 타인의 몸동작, 움직임 표현에 주력하면서 다양한 방법의 자유로운 춤으로 발전시켜 몸과 정신의 몰입(Flow) 활동으로부터 유쾌함과 성취감의 즐거움을 맛볼 수 있는 신체 표현 활동이다.

　　특히 문화예술교육 현장에서 중요하게 다루고 있는 접촉 움직임은 몸의 각 부위별 명칭 알기와 각기 다른 몸 부위의 접촉 자각과 감각 깨우치기, 타인의 몸 바로보기로부터 서로에 대한 친밀감을 이끌어내는 움직임 기법이다. 이러한 방식은 단순한 터치만 하는 것이 아니라 더 발전되었을 때는 소리(단어)를 내면서도 가능하며, 공간 위아래를 활용하면서 순발력을 발휘해야 하는 몸의 운동성을 여러 가지 모습으로 강화시킨다. 이는 몸의 접촉에 대한 오해와 진실에 대하여 다시 확인하는 과정이 된다.

　　이러한 작업은 그동안 나의 수업에 늘 함께하였으며 성, 나이, 연령에 상관없이 모두가 즐겁게 할 수 있었다. 약속된 공간과 허락된 접촉을 그 누구도 거부한 적이 없었으니 과연 우리는 각자 나름대로 누군가로부터 주목받는 삶을 추구하고 있고 자신을 사랑하고 있다는 것을 확인하는 과정이었으며, 무척 유쾌한 활동이었다. 그러나 동시에 이런 작업 과정은 잘못된 몸 사용과 잘못된 지각에 의해 방해를 받을 때도 많다. 마음대로 움직여줄 것 같지만 실상 생각대로 되지 않는 것이 우리의 행동과 동작이며 움직임이다.

그러나 우리는 하나의 상황에서 감각과 행동, 의미부여 등 동시에 다양한 행위를 할 수 있는 존재이기도 하다. 사람은 환경으로부터 배우는 뛰어난 능력이 있기 때문에 이러한 몸 활동을 일상에서 수없이 한다고 해도 그때그때 다른 자신을 만나게 되므로 자신의 정서를 체크할 수 있지 않을까 한다.

꼭 훌륭한 무용수가 되는 것보다 일상의 자신과 소통하는 것으로도 충분히 아름다운 사람으로 자연스럽게 격상될 것이므로.

그럼 접촉 즉흥 춤의 개념을 알기 위해 먼저 즉흥 춤에 대하여 살펴보자.

즉흥 춤이란?

춤은 인간 삶의 한 표현으로서, 인류의 출현과 함께 해왔다. 생활양식의 변화에 따라 춤의 형태와 기능도 끊임없이 변해왔는데, 춤은 그 추는 형식에 있어 일정한 격식과 룰을 갖춘 정형예술로서의 춤과, 아무런 격식이나 조건이 없이 자신의 기분과 환경에 따라 자유롭게 추는 즉흥 춤(improvisation dance)으로 구분할 수 있다. '즉흥(卽興)'이란 행해지는 때의 순간적인 창작으로 즉흥 시(詩), 즉흥 연주, 곡, 스케치 등의 문학, 음악, 미술 등에서도 찾아볼 수 있고, 시인이나 작곡가, 화가 등 창작 활동을 하는 사람들에게는 상상력과 독창성이 요구되는 핵심 요소 중의 하나라고 해도 과언이 아닐 것이다. 그리고 즉흥은 준비하기 위하여 소요되는 시간의 과정을 필요로 하지 않는다. 더욱이 풍부하고 다양한 것을 제공하며 내적 동기가 유발된 상태에서 개인적인 심리상태가 더하여 이루어진 표현이기 때문에 즉흥에 의해 이루어지는 것은 다양성을 가지게 된다.

특히 춤 창작 활동을 하는 중에 어떤 어느 자극에 대하여 복잡한 사고의 과정을 거치지 않고 즉각적이고 반사적으로 신체 운동을 통하여 표현하는 것이다. 순간적인 창작이기 때문에 표현형식이 불완전해도 무언가를 새롭게 만들어낸다는 데 그 가치가 있다.

즉흥에 대하여「흥에 겨운」것이라고 생각하기 쉬우나 그것은 예술적인 것이 아닌 여흥적인 것을 뜻한다. 예술성을 지닌 즉흥은 창작의 발현이고 표현에서의 본질을 말하는 것이다. 따라서 춤에서의 즉흥은 순간적인 여흥이 아니라 예술로 승화시키는 개인감정의 첫 출발이라는 데 의의가 있다. 또한 '즉흥 동작'이라는 것은 말 그대로 즉흥적으로 동작하는 것으로, 이미 동작을 계획하거나 수업시간에 배웠던 동작을 재현하는 것이 아니다.

'즉흥 춤'은 무용을 지도하는 교사에 따라 다르며, 여러 가지 다른 방법과 자극에 의해서 시작될 수 있다. 이러한 자극들은 시각적이거나 청각, 촉각, 또는 운동지각적일 수도 있다. 이외에 여러 종류의 이미지와 소품들도 즉흥 춤을 경험하는 데 적합하게 사용될 수 있다. 즉흥 춤의 중요한 가치는 무의식적으로 자신의 동작이 자연스럽게 나올 수 있도록 하는 것이며 동시에 근육지각의 기억력 및 상상력을 자극하는 데 있다.

다나카 민 선생의 지도하에 1993 섬머 하쿠슈 아트페스티벌에서 〈오래된 푸른 땅〉(다나카 민 안무) 솔로 부분 리허설 중인 강미희 무용가

즉흥 춤은 즉흥 춤을 추는 사람의 정서에 따라 기괴할(grotesque) 수도 있고, 추하고, 어색하고, 웃기고, 불안하기도 하고, 갈등으로 가득할 수도 있다. 팔짝팔짝 뛰어오를 수도 있고, 바닥에 쓰러지고, 공격하고, 물어뜯고, 내뻗을 수도 있다. 열려 있을 수도 있고 닫혀 있을 수도 있다. 발끝으로 서거나 기어 다니거나 몸을 비틀고 돌리고 마구 치는가 하면, 뛰어오르고 달리고 깡충깡충 뛰어다닐 수도 있다. 함께 움직일 수도 있고, 혼자 할 수도 있다. 뒤로 갈 수도 있고, 옆이나 위아래로 움직일 수도 있다. 동작은 곳곳에서 쉴 새 없이 일어난다.

즉흥 춤은 신체의 특징과 생활습관 및 개개인의 정서에 따라 다양하게 표현될 수 있다. 즉흥 춤은 잠재되어 있는 자기만의 개성과 색깔을 찾게 하는 자유로운 기법이 특징이다. 삶의 경험에 대해 비언어적으로 자기표현을 할 수 있고, 신체를 통한 자기 탐구로 정신과 몸, 감정의 통합을 강조하기 때문에 즉흥에 대한 관심이 모아진 것은 1960년대 이후로 알려지고 있다.

> 1960년대에 유명한 미국의 실험극 운동단체인 리빙시어터(주디서 말리나와 줄리앙 벡크)나 오픈 시어터(조셉 체이킨), 그리고 미국 서부를 중심으로 새로운 명상적 즉흥요법을 가르쳤던 할프린, 저드슨 안무가(Judson Choreographers)이기도 한 사이몬 폴티, 스티브 팩스톤(Steve Paxton) 등에 의해 즉흥은 어떤 굳어진 신체훈련체계—연기술에서든 무용기법에 있어서든 —를 '깨는 방법'일 뿐만 아니라 그 스스로 하나의 '훌륭한 표현기법'으로 인식되고 탐구되기 시작해서, 이젠 특히 즉흥과 연관된 신체의 표현기법을 다루는 별도의 전문지(스티브 팩스톤이 주도한 『The Contact Quarterly』)가 발행되고 있을 정도다. 그와 동시에 즉흥은 명상이나 신체요법 등과도 결합되어 춤의 방법이나 표현법뿐만 아니라, 어떤 신체 치료적 기능을 가지게도 되었다(Joyce, 1987: 김귀자 옮김, 1995: 5~6).

즉흥 춤의 창조적 움직임에 필요한 시간과 공간이라는 환경을 새롭게 의식하는 계기를 만나 환경에 적응하는 순발력이 후속 경험에서 발전된다. 이러한 경험을 생태학적 측면에서 바라보았을 때, 자연이라는 원시 환경에 적응하는 신체의 움직임과 자연 친화적인 결합을 통하여 미적 수확을 얻어낸다는 결론에 도달할 수 있다. 그리고 즉흥적 움직임과 자연(강가, 산길, 논, 밭, 돌 위 등)의 적응으로 인해 이루어진 조화는 정신과 신체의 합일을 이루어냄으로써 자연과 더불어 새로운 자신을 느끼게 해준다. 동시에 가공되지 않은 자연환경 속에서 몰입을 통한 즉흥적 움직임으로 이루어진 자연과의 교감은 꾸며지지 않은 미의 세계관을 갖게 되는 경험을 선사해준다. 더불어 자연친화적인 창작활동은 자연에 대한 친밀감과 신체의 조화를 통해서 심미적 안정감을 취할 수 있게 해준다.

즉흥 춤은 경험의 한계를 넓혀갈수록 소재도 풍부해지고 기법과 구성도 그만큼 다양해진다. 본질적으로 치유를 가능케 해주는 원리이다. 학습자가 지닌 창작행위의 무제한성과 자발성을 수많은 유형과 창의적 움직임으로 표현하고 체험하게 됨으로써 정서적 치유의 효과를 가져다준다. 즉흥 움직임을 통해 하나의 동작을 만들어내는 행위는 개인으로 하여금 허구의 세계에 대한 새로운 경험을 하도록 해주는 것이기에 본질적으로 치유를 가능케 한다는 원리이다.

그것은 무의식적 욕구들에 대한 대리 환상을 만족시켜주는 역할을 한다(류분순, 2000: 20).

즉흥 춤을 추는 시간 동안에 표현되는 움직임은 규율의 테두리를 벗어난다. 정해진 행동 역시 하지 않아도 된다. 동작을 통한 현실적인 움직임의 표현은 그들의 감정을 표출해서가 아니라 특별한 자극에 의해 표현되는 관념적인 움직임을 말한다.

현대무용가 도리스 험프리(Doris Humphrey)는 현대무용의 기법이 자연적인 움직임에 근거하였다고 한다. 그녀가 말하는 움직임이란 즉흥적인 몸짓과 이미 사용된 언어까지 의미한다. 험프리의 (인식 가능한 모든 자연적인 움직임과 언어-정서 상태에 따른 즉흥적 몸짓-이러한 움직임으로 감정과 정신세계를 표현한다는) 이론에서도 즉흥적 움직임과 언어와 정서 상태라는 상관관계 속에서 무용이 지닌 치료적 가능성을 발견할 수 있다고 보았다.

즉흥 춤은 일회성 춤 공연 감상과 일탈을 위한 일시적인 행위가 아니라 지속적인 훈련과 생활 경험 반복을 통하여 잠재되어 있던 감정과 기억을 끄집어내기 시작함으로써 개개인의 개성을 찾게 되고, 나만의 정서를 다듬으며, 저만의 색깔이 형성되는 과정의 춤이다. 또한 즉흥 춤은 예술로서의 춤을 배울 생각이 전혀 없었던 사람이나 사회경험으로 춤을 한번 추어보고 싶었던 사람들이 일상 속에서 우연한 기회에 추어보게 됨으로써 창의적 신체표현을 통한 정서적 치료효과를 체험하게 된다.

다나카 민의 즉흥 부토는 움직임을 이끌어내는 방식인 상상 또는 자유연상(이미지네이션)이라고 말할 수 있는 즉흥 춤에서 창작 주제가 본인의 기억을 찾아가는 방법과 또 다른 한 가지는 스토리를 만들거나, 신체를 해체하듯이 그러나 동시에 신체의 부위별마다 다른 이미지를 떠올리며 움직임으로 연결하여 가설적인 상황을 연상하며 동작으로 표현하여 춤으로 발전시키는 방법이 있다. 이러한 움직임 방법의 워크숍에서는 일반인 외에 장애인뿐만 아니라 병자들까지 수용할 수 있다는 춤의 장점이 있다.

일반적인 즉흥 춤이 자기중심적이고 내부적인 활동을 강조한다면, 접촉 즉흥 춤에서는 외부중심적인 활동을 강조하는 감지-반응으로서 접촉 즉흥 춤의 시작을 상대방 또는 환경이 제공하는 정보를 감지하고 반응하는 것으로부터 촉발된다고 할 수 있다.

다나카 민 작품 〈오래된 푸른 땅〉 리허설 장면, 1993

제1장 ● 관계와 소통을 위하여 접촉 즉흥 춤을 추실까요?

접촉 즉흥 춤이란?

춤의 표현 구조에서 또 다른 수단이 있는데 그것은 바로 '접촉(contact)' '즉흥(improvisation)'이다. 전 세계적으로 종교적인 춤 의식에는 특히 몸을 치는(thouch) 것이 접촉의 한 방법인데 이것은 영적인 세계와 가시적인 세계를 서로 연결해주는 방법이다.

접촉에 의한 즉흥행위 무용 형식은 미국에서 70년대 초에 처음 나타났다. 이것은 반응하는 지적인 육체 속에서 자아의 재정의를 실현하고자 노력하고 있었던 무용, 연극, 치료요법, 그리고 체육이론에서 60년대 말과 70년대 초에 있었던 많은 시도들 중의 하나였다. 접촉에 의한 즉흥행위는 또한 많은 종류의 사회, 정치 조직들에서 일어났던 평등주의와 공동체적 조화에 관한 중요한 사회적 실험들의 부분을 이루었다(Cynthia J. Novack, 서진은 역, 2000: 17~18).

최근 무용계는 창의적 시대에 지속적인 변화를 수반하는 '즉흥', 그리고 에너지의 공감, 협력적 형태의 '접촉 즉흥'에 대하여 주목하고 있다. 이는 창작, 안무, 교육, 치료 등 다양한 적용이 이루어지고 있으며 크고 중요한 영역으로 부상하고 있다. 무엇보다도 접촉 즉흥은 이사도라 던컨(Isadora Duncan)의 자유의 정신과 자연의 개념을 계승한다. 또한 접촉 즉흥은 루스 세인트 데니스(Ruth Saint Denis)의 '동양적 무용'과 머스 커닝햄(Merce Cunningham)의 '선(禪)불교' 등 다양한 동양사상의 영향을 받으면서 형성되는데, 동양무술인 아키도(Aikido)로부터도 그 개념적 원리를 차용한다.

접촉 즉흥은 1970년대 미국의 현대무용가인 스티브 팩스톤(Steve Paxton)에 의해 시작됐지만, 세계 각국에서는 무용가들보다는 비(非)무용가들에게 더 많은 인구를 갖고 있으며, 전문적 형식의 현대무용과 함께 대중적 형식의 무용으로 알려져 있다. '평등주의', '자연주의' 그리고 '비형식성' 등은 접촉 즉흥이 빠르게 타 분야로 확산될 수 있었던 이론적 기반이었다.

신체적 접촉에 의한 즉흥 춤에는 특별히 정해진 형식이나 룰 같은 것은 없지만 그렇다고 아무렇게나 무질서하게 마구 추는 것은 아니다. 춤은 흥겨워야 하고 서로 호흡이 맞아야 움직임의 흐름이 자연스러워지기 때문이다. 접촉에 의한 즉흥행위 무용가들은 춤을 출 때 구르며 매달리고 함께 몸을 비스듬히 기울이며 타성을 이용해서 상대방의 체중과 조화를 이루어 움직인다. 저항하기보다는 흔히 몸을 구부리며 팔을 사용하여 서로 돕고 받쳐주지만 상대방을 조정하지는 거의 않는다. 발레에서처럼 조용한 그림을 만들어내기보다는 현재 일어나는 에너지의 흐름에 관심이 있다(Cynthia J. Novack, 서진은 역, 2000: 21 ~24).

접촉 즉흥은 두 사람이 함께하는 행위로서, 상호협동관계를 통해 공동체 의식을 형성시키는 접촉 즉흥의 경험 과정은 자연의 법칙인 중력과 관성을 이용해 상대방의 힘과 체중에 조화를 맞춰 들어 올리고 떨어지는 등 에너지의 지각 의식을 통해 본능적으로 움직이는 과정이다. 신체와 신체가 환경에 적응하면서 서로의 교감으로부터 조화를 경험하게 되는 것이다.

그리고 접촉 즉흥은 상대방의 몸무게와 피부를 느끼면서 긴밀한 상호작용을 강조한다. 또한 계획되지 않은 자유롭고 창조적인 의사표현을 중요시한다. 구성원 간의 꾸준한 협력과 긴밀한 상호작용은 서로의 신뢰를 회복시켜주고 이러한 신뢰회복을 통해서 의사소통 기술과 사회성이 향상될 수 있다. 생명과 정신이 자연과 참되게 일치한다는 것은 두 사람이 상대방의 행동, 관념, 의도를 배우기 위하여 자기 자신의 의도, 관념, 행동을 수정하고 분리된 독립적인 행동을 위한 공통적 포괄적 상황에 참여하기 위해 "일치"하는 것과 같다. 상호 접촉하며 추게 되는 것이 접촉 즉흥 춤이다.

즉흥 춤에서 접촉에 의한 즉흥 춤은 접촉이 뜻하는 "서로 닿음" 즉 상대의 존재를 인정하는 사회성과 상호협동을 통하여 더 좋은 것을 이루려는 조화성과 "춤이 저절로 일어나게 한다"라는 개념을 밑바탕으로 한다. 접촉 즉흥 춤이 가지고 있는 "누구나 다 참여할 수 있다"라는 개방적인 이념으로 인해 그 형식이 계속 발전하여 춤이 가지고 있는 신체성, 움직임의 철학, 테크닉의 발전에까지 영향을 미치고 있다(안신희, 2007: 3).

전신 언어이자 몸으로 자신의 감정이나 의지를 상호 관계 속에서 표현하는 접촉 즉흥 춤은 직접적이며 광범위하게 동작의 기술에 집중하여 인간인 우리의 동작이 무엇인지, 우리의 사회적 상호작용 속에서 몸을 어떻게 접촉하고 움직여야 하는지를 훈련하여 동작 기술을 익히는 방법을 제시해줄 수 있는 중요한 예술이다.

동작의 정서적 측면(생각이나 느낌을 불러일으키는 힘)은 예술 형식으로서의 춤의 예비 단계인 동작을 연구하는 데 있어 중요하다. 창조적인 예술경험을 한다는 것은 움직임의 감각을 예의주시하는 것, 그 율동적 구조에 정신을 집중시키는 것, 그리고 그 모든 것들의 중요한 의미를 이해하면서 행위 한다는 뜻이다. 이러한 창조적 경험은 총체적 인격을 통합된 행동으로 나아가게 한다(H'Doubler,1940: 성미숙 옮김,1994: 20).

우리가 일상에서 경험하는 사건과 우리 자신의 관계를 드러내 보여주는 것은 눈으로 보이는 우리의 행동이다. 또한, 행동의 결과로서 얻어지는 지식을 통해 자아를 발견하는 것도 바로 행해진 동작 속에서이다. 육체만으로 완전한 인간이 되는 것은 아니다. 몸을 소유하고 있는 것은 우리 자신이지만, 역으로 우리의 삶은 몸의 동작을 통해 영위되고 있음을 이러한 기회를 통해 깨닫게 된다.

우리는 동작을 이해하려면 직접 몸을 움직여보고, 움직이고 있는 신체의 감각을 예의 주시해 볼 수 있어야 한다. 그리고 우리는 취해진 동작이 지속되는 시간과 움직이고 있는 각 신체 부위 사이의 변화되는 공간 관계를 파악할 수 있게 된다. 또 이렇게 함으로써, 동작이란 인지 · 비교 · 평가 · 작용이 이루어지고 그 개념이 형성되는 의식(consciousness) 속에서 감각되는 매우 흥미로운 경험이라는 것을 인식하게 된다.

정서는 사회적 관계를 형성하고 인격적이고 도덕적인 성품을 양육하기 위한 교육활동에서는 필히 고려되어야 할 요소이다(정명화 외 2005: 284).

몸 활동 경험 과정에 있는 우리들은 구조적·반사적 조직에 의해 이미 결정된 일정 형태의 행위로부터 개인에 따라 변화될 수 있는 반응으로 나아가도록 지도받아야 한다. 이러한 가변적이고 개인적인 반응들은 생각하고 이해하는 자아에 의해 의식적이고 선택적으로 통제되어 진보해감에 따라 인간의 정서적 성질이 가져다주는 감정 상태를 경험하고 가늠할 수 있게 되는 것이다. 일상적으로 허락되지 않는 접촉이 춤에서는 허용되거나 권장되기까지 한다. 어떤 집단이나 사회의 공동체의식이 몸과 마음으로 서로 접촉하고 교류하는 중에 형성되는 것이라면 '접촉 즉흥 춤(contact improvisation dance)'은 그 중요한 접촉 수단이 되며, 다른 교과로는 이만한 효과를 기대하기 어렵다.

> 현재 접촉 즉흥은 공연예술의 형태로서, 일반인들에게 친숙하게 다가갈 수 있는 취미무용으로서, 나아가 레크리에이션 형태의 치료무용으로서 행해지고 있는 상황이다(윤미정, 2005: 3).

특히 한순간도 똑같은 동작이 반복되지 않고, 같을 수도 없으며, 개개인마다 다 달라 무용에서 가장 자유로운 표현이 특징인 접촉 즉흥 춤은 인간적인 반응이라고 특징지을 수 있는 각종 형태의 동작들을 경험해볼 수 있는 춤이다.

접촉 즉흥 춤의 장점이 되는 특징을 요약하면 다음과 같다.

첫째, 접촉 즉흥이 기존의 현대무용과 차별화되는 주된 특징은 자연과 자유의 개념, 그리고 탈(脫)예술과 스포츠-예술로서의 성격이다.

접촉 즉흥은 자연의 흐름에 부합하여 움직이는 과정 지향적 움직임의 예술이며, 거기에는 접촉이라는 친밀감과 함께 즉흥이라는 자유가 주어진다. 이를 통해 접촉 즉흥의 무용수는 자기인식을 강화하고, 자기존재를 확장한다. 아울러 그들은 현재에 대한 명상적 효과를 체험한다.

둘째, 상대방의 몸무게와 피부를 느끼면서 긴밀한 상호작용을 중요시하며 계획되지 않은 자유롭고 창조적인 의사표현을 강조하는 즉흥이라는 요소를 지니고 있어 구성원 간의 꾸준한 협력과 긴밀한 상호작용을 통해 서로의 신뢰를 회복시켜주고 이러한 신뢰회복을 통해서 의사소통 기술과 사회성이 향상될 수 있다.

셋째, 생명과 정신이 자연과 참되게 일치한다는 것은 두 사람이 상대방의 행동, 관념, 의도를 배우기 위하여 자기 자신의 의도, 관념, 행동을 수정하고, 분리되어 독립적인 행동을 위한 공통의 포괄적 상황에 참여하기 위해 '일치'하는 것과 같다. 상호 접촉하며 추게 되는 것이 접촉 즉흥 춤이다.

넷째, 접촉 즉흥 춤은 공동체의 협력과정으로서, 움직임 과정을 통해 우리는 개개인의 인격을 존중하고 상대를 배려할 줄 아는 매너 있는 사람이 될 수 있다. 또한 이 접촉 즉흥은 타인과의 원만한 상호작용으로서의 접근을 제공해줌으로써 사화와의 결속력을 키워주며, 타인과 대화하고 협력하는 등의 공동체 의식 함양을 위한 모델을 제공해준다.

다섯째, 말과 행동의 통합, 타인에 대한 배려심, 책임감, 신뢰감 등을 회복시켜주고 이를 통해 의사소통의 기능과 사회성을 향상시킬 수 있다. 따라서 접촉 즉흥 춤은 상대방과의 접촉 행동을 통하여 내재되어 있는 개인적, 사회적 측면을 동시에 충족시켜 신체의 변화를 통해 긍정적인 심리변화를 유도해 낼 수 있다.

여섯째, 접촉 즉흥의 출발점이 된 60년대 전후 미국의 예술적, 사회적 기반을 토대로 한 학문적인 바탕을 배경으로 함과 동시에, 몸의 원시성과 일상의 몸짓을 예술적 특성으로 살려낼 수 있는, 기존의 춤과는 다른 접근이라고 할 수 있다. 정형의 춤이 형식적인 틀 속에서 고난도의 전문적 기교를 그 특징으로 하고 있는 반면에, 다양한 방법적 접근을 통한 접촉 즉흥은 누구나 특별한 준비 없이도 독창적으로 쉽고 자유롭게 출 수 있는 것이 그 특징이다.

인간은 자신의 감정을 다른 사람들과 함께 나누고 싶어 한다. 이러한 방법을 통해 자신의 감정에 외적인 형태를 부여하려는 노력은 본능적인 것이다. 이렇듯 자신의 감정을 타인에게 전달하고 그들로부터 감정에 대한 반응을 얻어냄으로써 창조자의 본래 감정 상태는 크게 고양되며, 이는 예술적 노력에 있어 또 다른 기쁨의 원천인 것이다. 자신이 느끼는 것을 다른 사람들도 느끼도록 하고 싶은 열망, 자신의 감정에 대해 다른 사람들의 반응이 풍부해지는 것을 경험하고 싶은 열망이 예술 창조를 가능케 하는 힘이다.

이처럼 춤 예술은 해소와 정화(catharsis)의 효과를 가지고 있다. 예술은 영혼의 모든 다양한 행위들과 관련된 감정을 격화시키는 수단을 인간에게 제공해준다. 반면 마음에 평온을 부여해 모든 격렬한 감정을 누그러뜨리기도 한다.

접촉 즉흥 춤의 표현 활동을 통한 자신의 정체성 찾기로부터 문화적 관계 개선으로까지 발전되어 개인적 차원에서만 경험되는 것은 아니라 집단적, 민족적, 국가적 정체성으로 사람들이 소속감을 협의해내는 중요한 방식이 될 수 있다. 동시에 접촉 즉흥에서 얻어지는 창조적 움직임의 경험은 학교교육에서나 사회교육에서 실천으로 적용되어 시행될 필요가 있으며, '감성의 시대'에 발맞추어 감성과 몸이 서로 잘 조화된 통합예술교육으로 개발되어 지식과 정서, 도덕과 감성 그리고 신체적으로 잘 어우러진 이상적인 전인교육으로 활용되어야 하겠다.

접촉 즉흥 춤은 동양적 사유로부터 유래하였으며, 내적으로 지각된 신체에 많은 관심을 기울인다. 접촉 즉흥은 인간 신체능력의 발전을 통하여 인간의 정신적, 지성적, 정서적 웰빙을 추구한다.

제 2 장

일상의 경험으로
생활 속에서 춤을 추다

우리가 지금껏 접해왔던 현대 춤, 즉
테크닉 중심의 보는 혹은 보여주기 위한
춤이 아니라 일상에서 모두가 참여'하는'
또는 '추는' 춤으로 진정한 나 자신과
마주하는 시간이 된다.

나의 일상이었던 천막 극장

　　나는 통영시 동피랑(동호동 144번지)에서 태어났다. 동피랑은 봄 햇살의 포근함이 특별하다. 강구안을 아래로 두고 있는 언덕 마을이다. 어릴 적 나는 우리 마을의 꼬불꼬불했던 그 많은 골목을 누비며 옹기종기 모여 있던 친인척 집들을 끼고 돌며 놀았다. 동피랑 아래 마을에 있는 통새미 우물을 놀이터로 삼아 동네 아이들과 위아래 동네로 뛰어다니며 갯바람을 내달렸다. 간혹 동네 여인들이 모여 채소를 씻고 빨래를 하던 풍경과 어머니에게 부탁하여 대장간에서 내 것으로 맞춘 반짝이는 양철 물동이를 이고 어머니와 함께 물을 길었던 기억이 난다.

6세 때 아세아국제예술대회
참가 후 동네 사진관에서

내가 다섯 살 때부터 무용연구소를 드나들게 된 배경에는 집 근처 공터에 천막을 치고 창(倡)과 춤을 보여주며 약을 팔던 약장사들의 공연이 있다. 나중에 내가 무용가가 되어 생각을 해보니, 여성국극단이 창극의 레퍼토리를 공연하면서 공연 중간중간 쉬는 시간을 이용해 배우들이 분장한 모습 그대로 의상을 입고서 쌀가마니를 깔아 만든 객석의 우리가 앉아 있는 곳으로 걸어 다니며 약을 팔았던 것이다.

너무 재밌게 구경한 뒤 나는 집으로 돌아와 가족들 앞에서 그럴듯하게 흉내를 냈다. 안방에 밥상으로 무대를 만들어 그 위에 올라서고, 동생 이불 포대기를 양 벽면의 못에 걸어 뒷막을 만들었다. 창과 춤으로 그날 본 것을 그대로 흉내 냈던 것이다. 이를 계기로 부모님의 관심과 지지 속에 나는 자연스럽게 무용가의 길로 들어서게 됐다.

지금 생각해보면 TV도 없던 시절 집 주변 공터에 매년 겨울이 지나고 이른 봄이면 찾아와 여름 전에 떠나는 천막극장은 나만의 비밀 아지트였다. 내 정신을 온통 황홀함으로 빠져들게 하여 나의 감수성을 자극시켜주었다. 나의 일상에서 매우 흥미로운 시간이었으며, 매일 매일이 즐거웠던 기억으로 생생하게 남아 있다.

아침에 일어나면 오늘은 동생을 보라는 어머니의 말에도 아랑곳하지 않고 대문을 나섰다. 꽃샘바람으로 추운 날씨에도 열심히 천막 극장을 찾아갔다. 동네 할머니가 없으면 모르는 할머니라도 옆에 꼭 붙들어 앉아 친손녀인 것처럼 굴었다. 극장 문지기 아저씨에게 쫓겨나지 않기 위해 절박한 심정이 되어 그날그날의 공연을 감상했던 것이다. 이런 나의 경험은 지금의 내가 되었고, 창작공연과 문화예술교육의 현장 활동에서도 고스란히 반영되고 있다.

어린 그 시절 천막 극장에서 보았던 춘향전, 장화홍련전, 심청전, 선녀와 나무꾼 등 우리 고유의 창극을 지금은 볼 기회가 없다. 아쟁의 슬픈 가락도 귓가에서 맴을 돌며 아련하게 내 가슴에 남아 있을 뿐이다. 약을 살 수 없는 어린이를 내쫓기 위해 회초리를 들고 다니던 무섭고 원망스러웠던 문지기 아저씨도, 늘 긴 속눈썹을 달고 짙은 화장과 화려한 의상을 입고서 약 바구니를 들고 할머니 할아버지에게 서울 말씨를 쓰며 뽐내던 그 멋진 배우들도 볼 수 없다. 그렇게도 궁금하고, 따라갈 수만 있다면 따라가고 싶었던, 보고 싶어 했지만 한번도 볼 수 없었던 천막 극장에 있을 분장실은 늘 해질 무렵 공연의 막이 내리고 객석의 손님이 다 돌아간 뒤 어수선한 극장 밖에서 맴돌며 멀찍이 바라볼 수 있었을 뿐이었다. 그러나 그 시절에 누린 천막 극장의 추억은 아직도 고스란히 내 기억 속에 강렬하게 남아 있어 지금의 나의 삶에 큰 자양분이 되어준다.

듀이의 경험이란?

19세기 후반, 생물학과 심리학, 실험 과학, 산업의 눈부신 발달은 듀이(John Dewey, 1859~1952)에게 새로운 경험 이론을 전개할 수 있는 가능성을 열어주었다. 그는 사회적 상황과 여러 가지 사상적 영향을 받으면서 고대에서 근세까지 서양 철학을 지배해온 이성주의와 그 반대편에서 발달되어온 경험 이론을 통틀어 비판하고, 그 모두를 통합하고 포섭하는 실험적 경험론, 혹은 자연주의적 경험론을 수립하게 된다.

듀이의 경험사상이 형성될 수 있었던 배경에는 그 자신의 타고난 심성과 성장 환경, 사회·문화적 상황과 풍토, 그에게 중요한 영향을 끼쳤다고 자타가 인정하는 주요 사상이나 인물이 있는데, 그것들은 검토해본 결과 공통분모가 발견되었다. 바로 '통합적 세계관'이라는 것이었다.

듀이의 이러한 통합적 사고 형성 과정에는 유기적 관계 속에서 변화를 강조한 다윈(Charles R. Darwin, 1809~1882), 과정과 발전을 중심 사상으로 했던 헤겔(Hegel, 1770~1831), 의식의 흐름을 중요시하고 경험의 연속성에 주목한 제임스(William James, 1842~1910)의 사상이 유력한 영향을 주었던 것으로 파악된다(송도선, 2004: 23).

결국 생물을 상호 작용적 혹은 유기적 통일성으로 보는 다윈의 진화론을 통해서 듀이는 처음으로 철학적 관심을 갖게 되었다. 자연 선택에 의한 적자생존 사상, 생명체는 '변화를 수반한 계승'을 계속한다는 이론은 듀이 철학의 중요한 기반이 된 셈이다. 그것은 곧 생물학적 사고를 철학에 도입함으로써, 기존의 경험관을 전면적으로 수정하는 것을 의미하는 것이었다. 그는 행하는 것(doing)과 아는 것(knowing), 신체와 정신, 밖과 안, 외적 과정과 내적 과정, 즉 행위(acyion)와 사고(thinking)가 모두 경험 속에서 함께 이루어진다고 하는 통합적 입장을 견지하고 있다.

한편, 실험과학의 방법으로 촉발된 새로운 경험 이론은 전통철학의 한계점과도 큰 대조를 이룬다. 근대 경험론은 지나치게 인식의 문제와 인식 주체의 문제에 매몰된 나머지 생활과 실행에 관련된 것을 배제하였다. 그러나 새로운 경험은 이성과 분리된 것이 아니라 그 실행 과정에 사고나 지성도 포함한다.

경험과 이성이 분리된 것이 아니라는 것은 이성이 생활에서 멀리 떨어진 별도의 정신세계의 거주자가 아니라 현실 세계에 풍부한 의미를 불어 넣어주는 자원이 된다는 입장이다. 이는 곧 경험이 인식이나 지식의 측면에도 관계된다는 것을 의미한다. 다만 진정으로 유의미한 인식은 근대 경험론자들의 주장처럼 단편적인 감각작용에 의해서가 아니라, 통합적인 활동 가운데서 형성된다는 생각이었다.

듀이는 '경험'은 이성과 대립적인 것이 아니고 지성과 사고까지 포함하는 것으로서, 그것은 인식에도 관계되는 것이지만 1차적으로는 실생활에 관한 것이라는 통합적 논지를 담은 새로운 경험 이론을 내세우며, 종래의 경험철학에 상존했던 이원론(dualism)과 분리관을 철저히 배격하고, 경험계와 이성계, 혹은 물질계와 정신계는 서로 분리되어 작용하는 것이 아니라, 동시에 작동하는 활동임을 강조하면서 사상의 전개 방향을 자연주의적 · 통합적 사고 체계로 잡게 되었다고 하겠다. 그는 통합을 필요로 하는 사회 현실을 철학에 깊이 투영하여, 철학적 사고를 그 시대의 필요에 적합하게 개조하고자 하였으며 그의 사상은 자신이 처한 실제적인 인간 생활사에 대한 경험에 바탕을 두고 있다.

이러한 듀이의 경험을 파악하기 위한 중요한 기준으로서 그 경험 개념 속에 과정적 측면과 결과적 측면이 동시에 포함되어 있음을 이해해야 한다. 'experience'라는 단어는 사전 상으로도 '경험하다'라는 동사적 의미와 '경험'이라는 명사적 의미를 동시에 지니고 있는 것으로서, 경험의 과정과 결과는 그것과 맥을 같이하고 있다. 즉 '경험하다'라고 할 때 그것은 과정적 의미요, '경험을 가졌다'라고 할 때 그것은 결과적 의미를 갖는다. 즉 어떤 활동이 있으면 거기에는 필연적으로 어떤 결과가 뒤따른다는 것이다.

듀이는 과정적 측면에서 볼 때, 경험은 그 속에 외적 활동으로서의 행위와 내적 활동으로서의 사고가 동시에 작동한다는 것을 보여주고 있다. 그의 새로운 경험론이 갖는 가장 뚜렷한 특징은 경험 속에 행위와 사고가 동시에 포함된다고 보는 점이다. 그의 실험적 경험론은 사고 작용을 경험 속에 포함시킴으로써, 경험에서 사고 작용을 배제했던 '고대의 시행착오식 경험관'과 구별되며, 또한 경험의 생활적 · 활동적 측면을 도외시함으로써, 그것을 인식의 측면에서만 보려 했던 '근세의 감각적 경험론'과 분명히 구별되는 것이다(송도선, 2004: 62-63).

듀이는 사고에 대하여 다음과 같은 정의를 내리고 있다.

> 사고란… 우리가 행하는 일과 그로 인해서 생기는 결과 사이의 특수한 관련성을 파악함으로써, 양자가 단절되지 않도록 하려는 의도적 노력을 가리킨다(Dewey, 1916: 170).

앞서 경험한 내용이 어떤 의미를 주고 어떤 관련을 가지는지 알아내려고 애쓰는 과정, 즉 당면한 문제를 해결하려는 노력 과정 자체가 바로 사고의 활동 과정이 되는 셈이다. 그러므로 사고는 바로 우리 경험 속에 들어 있는 지적 요소를 명백히 드러내는 것과 동일한 의미를 가진다. 사고는 우리로 하여금 목적을 머릿속에 그리면서 행동하게 해주는 것이므로, 목적의식을 가지고 행동하는 데 있어서 없어서는 안 되는 조건인 것이다. 그에게서 사고는 경험에 있어서 수단과 목적을 연결하는 방법으로 사용되는 것이기 때문이다(송도선, 2004: 64).

듀이의 '하나의 경험'에서 사고한다는 것은 경험에서 지각되는 관념을 계속적으로 연결시키는 것이며, 이 연속적인 과정에서 지적인 결론이 나온다. 여기서 관념은 사고의 결과로서 현재 진행 중인 경험 전체를 아우르는 질적 특성을 반영하는 것이며, 이때는 실천적인 측면과 정서적인 측면이 포함된 것이다. 따라서 이때의 관념은 진행 중인 경험이 완결단계로 나아가는 과정에서 끊임없이 변화·발전시켜나가는 일종의 경험이다.

사고는 경험에서 지각되는 내용을 끊임없이 관련짓는 의식적인 활동이다. 즉 사고가 없는 행위는 결과에 대한 예측이 없는 행위이고, 그렇게 되면 그 경험은 행동의 현재 의도조차 알 수가 없게 되므로 그러한 행위는 우연한 사건에 불과할 뿐 인간의 경험이 될 수 없다는 것이다. 그러므로 "경험은 감각과 욕구와 전통이라는 한정된 영향력에서 우리를 해방시키는 사고 작용을 내포하고 있다"(송도선, 2004: 65).

듀이는 학습자의 경험이 계발될 수 없는 사고와 경험의 분리현상에 대하여 다음과 같이 비판한다.

경험은 감각과 욕망, 즉 단순한 물질적 세계에 한정된 것으로 생각하는 반면에 사고는 고등능력(이성)으로부터 진행되며, 정신적인 일이나 적어도 학문에 관계되는 일만을 다루는 것이라고 생각되었다(Dewey, 1916: 180).

그러나 우리는 사고와 경험의 밀접한 관련 속에서 나타날 수 있도록 그 조건을 만들어주어야 하며, 사고가 경험의 세계와 서로 통합적인 관계를 지닐 수 있도록 해야 한다. 학습자의 지성계발은 사고와 경험을 분리시키지 않고 서로 연결시켜줄 때, 그 실제적인 효과를 거둘 수 있는 것이다. 이와 같은 사고와 경험의 관계 속에서 학습자의 지성을 계발하려면 학습자가 이미 경험을 지니고 있는 것처럼 가정하지 말아야 한다. 오히려 학습자는 사고의 출발 단계에서 실제적인 경험의 장면이 필요한 것이다(박준영, 2004: 250).

듀이는 민주주의와 교육에서 "경험은 능동적인 면에서는 시도하는 것이며 수동적인 면에서는 겪어지는 것이다. 이와 같은 경험의 이중성은 연관적이다."라고 말하고 있으며 특히 듀이의 '경험'은 우선 인간 활동의 모든 과정과 그로 인해서 얻게 되는 결과의 총체를 의미하는 것으로서 즉, '해보는 것(trying)'과 '당하는 것(undergoing),' 또는 충동과 욕구를 가진 인간이 환경에 가하는 작용과, 그 결과 환경의 반응으로 인한 영향 받음이 결합됨으로써, 다시 말해 능동적 요소(active element)와 수동적 요소(passive element)가 특수하게 결합됨으로써 성립된다고 본다.

경험의 이 두 측면이 어떤 방식으로 연결되어 있는가에 따라 경험의 성과 또는 가치가 달라진다. 활동을 하는 것이 그 결과를 당하는 것으로 계속되어 들어갈 때, 또 행위에 의하여 생긴 변화가 우리 내부에 일어난 변화에 반영되어 되돌아갈 때, 그때 비로소 막연한 사태의 흐름이 의의를 지니게 된다. 이 뜻은 우리가 어떤 일을 경험한다는 것은 그 일을 시도한 다음 그 일에 대한 결과를 겪어야 한다는 것이다. 그리고 그때 비로소 학습이라는 것이 일어난다(이홍우 역, 1987: 219)고 하였다.

듀이는 그 예를 다음과 같이 설명하고 있다.

아이가 손가락을 단순히 불에 집어넣는 것 자체는 경험이 아니다. 그러한 움직임
이 그 결과로서 겪는 고통과 연결될 때 비로소 경험이 되는 것이다. 이렇게 될 때
손가락을 불에 집어넣는 것은 화상(burn)을 의미한다. 만약 손가락을 불에 집어넣
는 것이 어떤 다른 행위의 결과로서 지각되지 않는다면, 그것은 나무토막이 타는
것과 같은 단순한 물리적 변화에 지나지 않는다(Dewey, 1916: 163).

여기서 '손가락을 집어넣는 행위'는 능동적 요소이며, 그 결과 '화상이라는
고통을 겪는 것'은 수동적 요소를 가리키는 것으로서, 경험이란 반드시 이 두
가지 요소가 결합(combination)되고, 그들의 관련성이 의식 내재화될 때에만
성립된다는 것이다. 단순한 활동은 경험이 될 수 없다. 경험의 능동적 요소와
수동적 요소가 어떤 방식으로 결합되느냐에 따라서 경험의 성과와 가치가 달
라진다.

듀이는 경험의 본래적 성질로부터 학습되는 상태를 다음과 같이 설명한다.

경험으로부터 학습한다는 것은 우리가 어떤 대상에 대하여 행동하는 것과 그 결과
로 대상으로부터 받는 즐거움이나 고통 사이의 전후 관계를 연결하는 것이다. 그
러한 상황 속에는 행동하는 것은 시도하는 것이 된다. 즉 이 세상이 어떻게 되어 있
는가를 알아내기 위한 실험을 하는 것이요, 겪는 것은 배우는 것(instruction)이 된
다. 즉, 대상들의 관련성을 발견하게 되는 것이다(Dewey, 1916: 164).

듀이는 이러한 경험 개념에 대한 교육적 의의를 다음과 같이 세 가지로 설명한다.

> 첫째, 경험 그 자체는 일차적으로 인간존재와 그의 자연환경 및 사회환경 사이에 있는 활동적인 관계로 구성되어 있다(Dewey, 1916: 319-320).
> 둘째, 오늘날 사회생활의 내용에 일어나고 있는 변화들은 학교의 놀이와 일을 지성화 할 수 있는 종류의 활동을 선택하는 데 훨씬 용이하다(Dewey, 1916: 321).
> 셋째, 그렇지만 지식과 행동의 전통적인 분리와 순수적 학문의 전통적인 권위에 대한 가장 직접적인 타격은 실험과학의 발전이었다(Dewey, 1916: 321).

이와 같이 경험의 본래적 성질을 교육활동과 관련시켜 보면, 학습자가 대상에 대하여 어떤 행동을 시도하는 일과 그 결과로서 얻는 즐거움이나 고통을 서로 연결시킴으로써 그 대상에 대한 관련성을 배우게 되는 것이다. 학습자가 시도하는 것은 행하는 것이나 실험을 하는 것이며 학습자가 겪는 것이 얻는 것이요, 배우는 것이 된다. 경험의 본래적 성질이 피상적으로 단순히 능동적인 요소와 수동적인 요소로 연결되어 있다면 학습자의 지성이 계발될 수 없을 것이다. 경험의 능동-수동의 관계 속에서 학습자가 경험의 의미를 인지하여 연결시키는 정도에 따라서 그 학습자의 지성 계발도 비례하게 되는 것이다(최관경 외, 2003: 180).

듀이는 진정한 경험을 통한 지성의 형성에 대하여 다음과 같이 지적한다.

> 1온스의 경험이 1톤의 이론보다 낫다는 것은 어떤 이론이든 오직 경험 속에서 그 생생한 의의를 지니며 또한 그 의의가 검증될 수 있다는 것이다. '하나의 경험'은 아주 하찮은 것이라 하더라도 아주 많은 이론(즉 지성적인 내용)을 가져오며, 생성할 수 있지만 경험을 떠난 이론은 심지어 이론을 확실히 파악될 수조차 없다(Dewey, 1916; 169).

1온스의 경험이 1톤의 경험보다 더 낫다는 말은, 이론은 오직 경험 속에서 그 생생한 의의를 가지며 또 그 의의가 검증될 수 있다는 것을 나타낸다. 경험은 아주 하찮은 것이라 하더라도 거의 무진장한 이론(즉, 지적 내용)을 생성하고 포함할 수 있지만, 경험을 떠난 이론은 심지어 이론으로 확실히 포착될 수조차 없다. 그러한 이론은 순전히 언어적 공식이나 구호에 그치는 것으로서, 사고라든가 진정한 이론을 불필요하고 불가능하게 한다(이홍우 역, 1987: 226).

여기서 듀이가 말하고자 하는 것은 이론과 경험의 상대적 중요성이 아니라 양자 사이의 관련에 있으며, 이론은 오직 경험 속에서 그 생생한 의의를 가지며 또 그 의의가 검증될 수 있다는 것을 나타내고 있다.

그러나 듀이의 경험이론에 비추어 보면 오늘날 우리사회의 교육을 들추어 볼 때, 아직도 지식을 우선시하는 입시 위주의 교육만을 강조하다 보니 성장 시기에 필요로 하는 많은 경험들을 놓치고 있다. 그 결과 창의적이며 자유로운 사고가 결여되고, 감성을 자극할 수 있는 예술적 경험의 기회가 부족한 상황에서 청소년들은 학업에만 열중하고 있다. 획일적인 입시에만 매달려 있는 상황은 참으로 안타까운 일이 아닐 수 없다. 그래서 더욱더 듀이의 경험 이론은 실천적인 예술교육을 통하여 인간의 감성을 개발하여 창조적이고 통합적인 인간상을 지향하고자 하는 우리 교육에 꼭 필요한 시사점을 줄 수 있을 것이다.

듀이의 경험 이론은 고대 희랍 철학자들의 경험 개념을 실제적인 세계에만 한정함으로써 참된 지식의 대상에서 제외시킨 데 대한 비판과, 교육에 있어서 아는 것과 행하는 것 사이에 분리를 가져오게 한 데 대한 전통적인 이론의 잘못된 점을 비판하고 보완하는, 기존의 사상과는 비교할 수도 없을 만큼 포괄적인 것으로서, 그것은 행위뿐만 아니라 사고까지 포함시켜 인식의 문제에 국한되는 것이 아니라 생활의 차원까지 포함하는, 소위 실험적 경험론으로서의 체계를 갖추게 되었다.

그에게 있어서 올바른 경험 교육은 서책 위주의 지식에 의한 간접 경험에 의존하는 것이 아니라 생물체가 물리적, 사회적 환경과 함께하는 직접 경험을 강조한다. 듀이의 철학은 경험이라는 개념을 새롭게 체계화하고 정리함으로써 도구주의의 면모를 일신시켰다. 그는 실험과학의 발달로 사람이 환경을 의도적으로 지배할 수 있게 된 현대에는 이 시대 상황에 걸맞은 새로운 경험 사상이 필요하다고 생각한 셈이다. 이제 경험의 개념은 과거의 '무작정 해보는 (empirical)' 것으로서의 의미가 아니라, '실험적(experimental)'인 것을 의미하는 것으로 바뀌어야 한다는 것이다(송도선, 2004: 61).

왜냐하면 전자는 희랍시대의 전통으로 말미암아 조잡하고 주먹구구식이며, 시행착오적이고 비합리적인 활동을 지칭하는 반면에, 후자는 실험과학의 방법에 기반을 둔 합리적인 활동과 지식이라는 의미를 담고 있기 때문이라는 것이다. 그러므로 그의 새로운 경험 이론은 '실험적 경험론' 혹은 '자연주의적 경험론'이라고 말한다(송도선, 2004: 62). 그는 인간이 하나의 유기체로서 환경에 적응해가는 모든 과정을 경험이라 했다. 일상적인 의미에서 경험을 자연주의적 인본주의의 뜻으로 사용한다는 것을 의미하려고 하였다.

이와 같이 듀이는 전통적인 경험론들과는 다른 새로운 경험론의 의의를 강조하였는데, 바로 "The Need For a Recovery of Philosophy"(1917)에서 경험에 대한 전통적인 관점과 새로운 관점 사이에 나타나는 주요한 차이점이나 특징들을 다음 다섯 가지로 요약하고 있다(Dewey, 1917: 6).

첫째, 전통적 관점에서는 경험을 1차적으로 지식의 문제에 관한 것으로 간주했던 반면에, 새로운 경험 이론에서는 이런 시각에서 벗어나 경험을 생물체가 물리적·사회적 환경과 함께 어우러지는 '생활의 문제'라고 본다는 것이다.

둘째, 전통적인 이론에서는 경험을 주관에 의해 이입되는 심리현상으로 보았지만, 사실상 경험은 우선 인간이 행함과 당함을 겪고 그 결과 일어나는 반응을 통해서 모종의 변화를 가져온다는 점에서 객관적이라는 것이다.

셋째, 전통적인 이론에서는 경험이 감각에 의해 현상들을 받아들임으로써 누적되는 것이라 하여, 눈앞의 현재가 아닌 이미 발생한 일을 중시함으로써 '과거에 관련된 회고적인 것'으로 생각했지만, 새로운 경험 이론에서는 생생한 경험은 원래 실험적 성질을 갖고 있으므로 이미 주어진 것을 탐구하려는 '미래 지향적 특성'을 갖는다고 본다는 것이다.

부산문화재단 창의감만촌 연습실, 2016

넷째, 전통적인 이론에서는 경험이 각각 단절되고 '개별적인 것'들로 이루어진다고 생각하여 연관성이란 경험과는 거리가 먼 것으로 간주했지만, 새로운 경험 이론에서는 경험을 환경에 영향 받는 것과 환경을 새로운 방식으로 통제해가려는 노력이 서로 밀접하게 '연관된 것'으로 본다는 것이다.

다섯째, 전통적인 이론에서는 '경험과 사고를 완전히 이질적인 것'으로 보았지만, 새로운 경험 이론에서의 경험은 처음부터 그 속에 사고와 추리를 포함하고 있다고 봄으로써, 그들을 '일체적인 것'으로 생각한다는 점을 지적하고 있다.

육체적 경험(somatic experience)을 강조할 정도로 혁신적이라는 점에서 주류 미학자들이 듀이를 미심쩍어했다 하더라도 듀이는 다시 해석될 필요가 있다.

듀이는 특히 왜곡되고 모순에 처한 근대적 예술의 배경과 원인을 날카롭게 분석하여 특정 이념이나 양식의 폐해를 지적하기보다는 특정의 것이 예술의 본질을 왜곡하게 된 역사적, 사회적 배경과 원인을 지적함으로써 오늘의 예술현장에서 역할을 맡고 있는 작가나 비평가, 이론가, 애호가 등의 모든 관련자들이 놓치기 쉬운 본질적인 문제들을 환기, 지적하고 있다.

듀이는 통합을 필요로 하는 사회 현실을 철학에 깊이 투영하여, 철학적 사고를 그 시대의 필요에 적합하게 개조하고자 하였다. 그는 사상 형성 과정에 있어 자신에게 영향을 미친 힘은 대체로 서적보다는 사람들과 사회적 상황에서 왔다고 말하였다. 그만큼 그의 사상은 자신이 처한 실제적인 인간 생활사에 대한 경험에 바탕을 두고 있다.

일상의 경험으로서 생활 춤

　　현대사회에 사는 오늘의 우리들은 과거 원시인들처럼 집단 표현을 통해 동료들의 생각과 감정을 공유할 기회가 잘 없다. 문명이 진보하면서 감정을 표현하려는 충동은 너무나 엄격하게 이성의 지배하에 놓이게 되었고, 그 결과 양식화(樣式化)·기계화된 형식과 모방 예술이 등장했다. 이에 따른 영향이 차례로 나타나고 있다. 보통사람들은 자기 나름의 형식을 창조하는 일을 두려워하며 자신은 언제까지나 예술의 방관자라고 생각하기에 이르렀다.

　　특히 신체와 공간의 조화 속에서 이루어지는 춤 예술은 인간 성장의 경험과는 떼려야 뗄 수 없는, 즉 인간 노력의 성취와 노력이 갖는 인간 삶의 한 표현으로서 춤은 인류의 출연과 함께 생겨나서 관혼상제나 종교 등의 중요 의식행위 중 하나로 사용되어왔으며, 원시사회에서는 가족을 비롯한 집단의 안녕을 비는 주술행위로서의 기능을 하기도 하였다.

　　문자가 없던 시대에 원시인들은 언어로는 표현할 수 없는 공포, 경외, 숭배 등의 감정을 일상생활에서 춤으로 표현했고, 생활을 집단적으로 공유했다. 이렇게 삶의 한 부분이었던 춤은 이제 전문 예술인의 전유물로 남게 되었고, 교육에서도 고난도의 기예를 지닌 전문 무용인의 양성에 주안점을 두고 있다. 그 결과 춤은 대중들의 생활양식이 아니라 한정된 관객의 수준에서 소수의 특권층만이 누리는 감상예술의 하나로 전락하게 되었다.

즉, 춤은 일상생활 자체가 아니라 일상을 초월한 고상하고 전문적인 예술의 하나로만 존재하게 된 것이다. 일반적으로 예술은 인간의 일상 경험과는 무관한 신비로운 그 무엇이라고 생각하게 되었으며, 그로 인해 예술을 소수 특권층의 전유물로 속단하는 것이 일반적인 경향이다. 이러한 현실 속에서 우리는 과연 어떻게 해야 모든 사람의 예술적 감성을 효과적으로 키울 수 있는 예술교육을 할 수 있을 것인가? 이 문제에 관하여 듀이는 그 해결책을 인간의 모든 경험 속에서 찾고자 하였다.

남들이 추는 춤을 감상하는 정적이고 간접적인 행위를 통해서도 우리의 정서는 풍부해질 수 있다. 그러나 자신이 실천행위를 통하여 직접 출 경우에는 더욱 풍부한 정서의 함양과 더불어 체험적인 예술경험을 쌓아가게 된다. 이는 춤이 단순한 감상의 차원을 넘어서 우리들의 일상생활 속에 녹아 있는 삶 그 자체이자 이를 표현하는 하나의 신체 언어로서 우리의 새로운 생활양식이 될 수 있음을 의미한다.

예술이 우리의 일상 속에서 삶 그 자체가 되려면 극장의 무대나 전시장의 진열대로부터 일상생활 속으로 되돌아오지 않으면 안 된다. 듀이가 그의 저서 『경험으로서의 예술』(1934)에서 말하는, 경험으로 돌아가야 할 예술은 결국 예술이 인간의 일상으로 복귀해야 한다는 것을 의미한다. 이것은 곧 오늘날의 삶의 방식과 그 표현에 있어 독창성과 다양성을 선망하는 현실에 맞게 일상 속에서 삶의 충만함을 향유할 수 있고, 삶을 위한 경험 중심의 예술로서 다양한 계층의 학습자에게 맞는 넓은 의미로서의 생활 춤이 되어야 한다는 것을 의미한다.

일본인의 신체조건이나 생활양식, 기후, 풍토, 문화 등에 그 뿌리를 두고 거기에 현대성을 수용할 수 있는 형식을 찾음으로써 오리지널 전위 무용으로서 유럽을 중심으로 부토 붐을 일으키는 데 공헌한 부토(舞踏-BUTOH)의 창시자 히지가타 다츠미는 정신과 혼의 만남을 추구하며 일상생활의 저속성에 상실된 신체의 의미를 숭고화시키고자 했다. 그는 "너 자신에게 돌아가라. 자신의 암울함을 직시하라"고 하였다. 몸을 통해 말하고자 하지 않고 몸 스스로가 말을 하여 진실을 표출하고 그 나름의 진가와 깊이로써 일상의 피상적인 상황을 거부하여 자신 스스로를 나타내고자 함이 부토의 출발이다.

이것은 곧 생활 연속으로서의 경험인 춤으로 일회성 공연 감상과 일탈을 위한 일시적 행위가 아니라 지속적인 훈련의 생활경험 반복을 통하여 잠재되어 있던 감정과 기억을 끄집어내기 시작함으로써 개개인의 개성을 찾게 되고 나만의 정서를 다듬으며 저만의 색깔이 형성되는 과정의 춤으로 존재할 수 있다. 전문 무용가의 훈련으로 다듬어진 정형의 예술 춤만이 아름다운 것이 아니라 있는 그대로의 춤도 그 못지않은 아름다움이 있다.

그래서 아름다운 춤은 곧 전문가의 정형 예술 춤이라는 편견을 버려야 한다. 몸과 마음이 하나가 되어 꾸밈없는 움직임으로 삶의 경험을 표현하는 춤은 그 자체로도 모두가 자연스럽고 아름다울 뿐만 아니라 일상생활 속에서 우리들에게 건강하고 아름다운 삶의 경험을 제공해줄 것이다. 이러한 경험예술로서의 춤은 일상생활에서 일어나는 행동, 노동, 기억 등에 대한 움직임의 모든 경험에서 출발하는 생활 표현인 것이다.

듀이는 예술교육의 이론적 기초가 될 수 있는 생활 예술론을 주장하였다. 일상적 활동들이 전문화되고 직업화되면서 우리 삶의 일부였던 예술도 우리들의 일상생활에서 멀어져갔다. 그리고 멀리서 바라만 볼 수 있는 예술이라면 그것은 이미 없어도 그만일 거추장스러운 장식품이나 다름이 없을 것이다. 그래서 듀이는 예술이 우리의 일상생활과 밀접히 관련된 생활예술이어야 한다고 주장했던 것이다. 즉 예술은 특수층의 전유물이거나 일상생활과 동떨어진 신비한 것이 아니라 일상예술에서 순간순간 경험하게 되는 것을 총칭하는 것이라는 주장이다(박준영, 2007: 216-217).

듀이의 예술철학에서 가장 핵심이 되는 '경험'은 특정한 예술가와 예술작품에 국한된 개념이 아닌 일상생활에서의 예술적 경험이다. 이런 견지에서 보면 춤은 커다란 사회적 가치를 지니고 있다. 그러나 이런 성과를 얻으려면 춤은 그들의 생활에 활력을 주는 요소가 되어야만 한다. 춤이 일상생활의 경험들을 예술적인 형식으로 표현한다는 것을 느낄 때마다 문명에 대한 춤의 영향력을 실감하게 된다. 예로부터 이러한 요소는 문화생활에 중요한 역할을 해오고 있다.

듀이가 예술의 원천을 이 일상의 경험에 두는 것은 이 일상이 인간 존재의 생명력과 삶에 대한 의지로 충만한 곳이며 또한 '예술'을 가능하게 해주는 활동의 무대가 되기 때문이다. 표면적으로 드러나지는 않지만 모호함과 불확실성을 지닌 예술의 잠재적 단계이기 때문이다.

결국 듀이가 주장하듯 일상 경험과 미적 경험은 분명하게 분리될 수 없는 것으로서 일상 경험 속에는 미적이거나 잠재적으로 미적인 요소가 들어 있다. 이제 일상은 예술과 분리되어야 할 것이 아니라 예술의 원천이다. 일상생활에서 이미 미적인 것의 잠재적 가능성을 발견하여 삶의 미적 향유를 누리는 것이 바로 예술인 것이다.

듀이는 '경험'은 이성과 대립적인 것이 아니고 지성과 사고까지 포함하는 것으로서, 그것은 인식에도 관계되는 것이지만 1차적으로는 실생활에 관한 것이라는 통합적 논지를 담은 새로운 경험 이론을 내세우며, 종래의 경험철학에 상존했던 이원론(dualism)과 분리관을 철저히 배격하고, 경험계와 이성계, 혹은 물질계와 정신계는 서로 분리되어 작용하는 것이 아니라 동시에 작동하는 활동임을 강조하였다. 사상의 전개 방향을 자연주의적·통합적 사고 체계로 잡게 되었던 것이다. 그는 통합을 필요로 하는 사회 현실을 철학에 깊이 투영하여, 철학적 사고를 그 시대의 필요에 적합하게 개조하고자 하였으며, 그의 사상은 자신이 처한 실제적인 인간 생활사의 경험에 바탕을 두고 있다.

듀이가 미적 경험과 일상생활 간의 연속성을 복원시키기 위해 먼저 인간을 유기체로 환원하는 것으로 시작하는 것 역시 자연스러운 일이다. 미적 경험의 원천을 이해하기 위해서는 인간 이하의 동물 생태를 살펴보지 않으면 안 된다는 것이야말로 가장 듀이다운 점이다.

이런 점에서 듀이 미학을 육질적 자연주의(somatic naturalism)라 부르기도 한다(Dewey, 1934; 이재언 역, 2003: 118-119).

학생들은 동작을 연구하는 데 필요한 재능을 천부적으로 풍부하게 가지고 있다. 그들에겐 행동을 만들어내기 위한 또 하나의 구조, 천부적인 반응 형식, 움직이고자 하는 타고난 열망 등이 있다. 이러한 재능을 우리는 어떻게 활용·관리하고 있는가? 자연은 인간에게 동작을 통해 자신을 표현하는 수단을 적절히 부여해주었다. 이제 그 길을 제시해주는 일은 교육의 몫이다. 창조적 행위를 위한 교과과정이 마련될 때 비로소 우리는 오늘날의 삶에서 절실히 요구되는 미적 감수성을 회복하고, 동물들과 다를 바 없는 순응의 생활에서 벗어날 수 있을 것이다(Margaret N. H'Doubler, 1994: 23).

현대는 문화적 다원성을 지향하는 사회로서 개성이 존중되고 창의적인 인재가 요구되는 시대이다. 현대사회가 요구하는 이러한 전인을 효과적으로 양성할 수 있으려면 미에 대한 올바른 이해와 함께 일상생활 속에서 생동하는 생활경험을 맛볼 수 있도록 해주는 문화예술교육이 활성화되어야 한다. 그리고 춤 예술이 일상생활이 될 수 있도록 보다 확대되어 우리 모두가 문화예술 활동 주체자로 생활 속에서 신체 표현 활동으로서 춤 예술을 즐기며 삶의 활력을 충전하게 될 수 있어야 하겠다.

자연 환경 생활 예술이 교감하는 문화예술교육 프로그램 개발

2011 부산문화예술 스페이스 발
(BAL, Busan Art Lounge, 문화예술교육 자율연구모임)

사업 목적

· 부산지역 문화예술교육 매개자 학습활동 지원을 통해 문화예술교육 관련 학습
환경을 조성하고 양질의 교육 프로그램 및 콘텐츠 확보

· 자율적 · 정기적으로 모여서 학습하며 결과물을 공유하고 역량강화를 통해 지역성을 확보하여 교육에 반영할 수 있는 방향성 제고
· 문화예술교육 소모임 간 네트워크를 형성 · 확대하여 향후 자발적으로 지역의 문화예술교육에 대해 연구 및 실천할 수 있는 동기 부여

　　2010년 가을에 치유를 컨셉으로 기획 진행된 미야(美野)아트댄스컴퍼니 신작 〈사마리아의 우물〉은 일반여성을 섭외하여 프로무용수와 함께 참여하는 공연을 시도하였다. 이 공연을 계기로 지역 시민의 문화예술 경험의 중요성과 그 가능성에 동기를 얻어 주요 단원들과 소모임 '춤과 생활 연구회'를 구성하게 되었다. 때마침 문화예술교육 지원 사업을 시작하고 있었던 2011년과 2012년에 문화예술교육 자율연구모임(BAL) 지원 사업에 참여하는 행운을 얻게 되었다.

　　2011년 주제는 "자연 · 환경 · 생활 · 신체가 교감하는 문화예술교육 프로그램 개발"이었다. 주제 연구를 통하여 춤 문화 소통의 새로운 전망과 그 가능성을 열기 위하여 누구나 참여할 수 있는 대안적 춤 문화예술교육 프로그램 개발 연구 활동에 그 목적을 두었다. 기존에 있던 다양한 춤의 지식 전달, 주입식 테크닉의 한계를 극복할 수 있는 창의적이며 자유로운 춤의 언어 개발을 통하여 생활에서 움직임 창출을 이끌어내고, 자연에서 영감과 체험의 이미지 등을 접목하여 능동적으로 시민 누구나 참여할 수 있게 하였다. 자연과 더불어 생활 속 예술 실천, 소통할 수 있는 예술 캠프, 시민 워크숍 등 예술 경험을 통해 지역 공동체 의식 함양은 물론 문화적 감수성, 창조성, 공공성 등을 증진하는 창조적 예술교육의 토대를 마련하는 효과를 기대할 수 있었다.

연구 활동은 6월부터 11월까지 약 6개월이라는 기간 동안 전문서적 강독과 자연환경에서의 자체 워크숍 그리고 생활경험론에 대한 전문 이론가의 특강이 이어지고, 마지막 결과로 공개신체모임 워크숍을 부산 금정구에 있는 시어터 원(현 미르소극장)에서 가졌다. 모임에서 만났던 사람들로는 예술강사, 각종 관련 분야 예술가, 일반인(장애/비장애) 등이 있었으며 아동과 가족이 포함되었다.

　　프로그램 내용은 'I –몸 열기' 'II – 몸 알아가기' 'III – 몸으로 말하기' 'IV – 몸과 하나 되기'로 구성하여 미야아트댄스컴퍼니 신작 〈정(精)〉을 감상하러 온 관객을 야외 공연에 이어 야외 몸 활동 퍼포먼스를 시작으로 출발하여 공연 정(精) 작품을 감상을 한 후 곧바로 무대 공간에서 보다 더 구체적인 몸 워크숍을 진행하였다. 참여한 아동과 가족은 흥미로운 반응을 보이며 매우 적극적으로 몸 활동에 참여하였다.

야외 몸 활동 퍼포먼스(좌)와 무대 공간에서의 몸 워크숍(우)

모두가 춤으로 소통하는 창의적인 몸 놀이 문화예술교육 프로그램 개발

2012 문화예술교육 bal 자율연구 모임
(부산문화재단 부산문화예술교육지원센터)

금정구 예술공연지원센터

　자유로운 춤 놀이를 통하여 생활로부터 움직임 창출을 이끌어내고, 다양한 몸 놀이에서 얻을 수 있는 영감과 체험을 통하여 시민 누구나 건강한 춤을 향유할 수 있는 문화예술교육 프로그램 개발과 향후 발전 모색

몸 워크숍 with 향유자: 2012

금정구 예술공연지원센터

2012년 주제는 "모두가 춤으로 소통하는 창의적 몸 놀이 프로그램 개발"이었다. 활동목적은 2011년과 같은 의미로 접근하였으며 공개 몸 놀이 워크숍(bal)에서의 내용은 2011년과는 차별성을 두어 성인 여성을 중심으로 도구 활용과 더불어 창의적인 몸 놀이에 접근하기 위한 노력이 있었다.

치유의 춤, 몸으로 놀면 마음이 건강해진다

2012년 9월 6일 오후 4시에서 6시까지, 부산 금정구 장전동 금정구 예술공연지원센터에서 색다른 풍경이 펼쳐졌다. 20대부터 50대까지 스무 명 남짓한 여성들이 유치원생처럼 낄낄대며 놀이에 몰두해 있다. 두 명씩 짝을 이뤄 한 명이 손을 펼치며 신체 부위를 말하면 다른 한 명이 달려가 손바닥에 그 신체 부위를 접촉하고 있다. 미끄러지고 부딪치면서도 웃음이 멈추지 않는다. 나이 든 여성들이 이렇게 해맑게 노는 모습이 신기하다. 이 놀라운 장면을 만들어낸 이가 부산의 중견 춤꾼 강미희이다. 이날 주부들은 강미희가 연 '몸 놀이' 프로그램에 처음으로 참가한 이들이다. 이들은 이날 1시간 30분 동안 몸을 구르고 커다란 공 위에서 놀며 몸 놀이의 세계로 빠져들었다.

그런데 '미야아트댄스 프로젝트'의 대표이자 걸출한 춤꾼인 강미희가 왜 여기서 주부들과 노닥거리고 있을까? "오래전부터 이걸 하고 싶었다니까. 사람들의 마음을 달래주는 몸짓을 가르쳐주고 싶었어. 기회가 되지 않아 이제야 시도해보네." 프로그램을 마치고 그녀가 행복한 표정으로 내뱉는 말이다. 대학을 졸업한 뒤 일본에 건너가 세계적 부토 전위무용가 다나카 민을 만나 공동체 생활을 하며 생활의 춤을 배운 그녀는 부토에 담긴 치유의 역할에 관심을 두게 됐다. 2차 세계대전 후 불안한 심리를 가진 일본인들을 위로하고 치유하는 몸짓이 부토의 역할이었단다. 화려하고 장식적인 춤이 아니라 생활 속에서 일반인들도 함께 움직이는 몸짓은 그녀의 마음을 사로잡았다.

한국에 돌아와 사회교육센터, 문화센터에 '자유로운 춤 놀이' '치유의 춤'에 관한 프로그램을 내밀었지만 정작 누구도 관심을 두지 않았다. 그녀 정도의 춤 경력에 한국 무용, 스포츠댄스처럼 특정 종목을 가르쳐주는 프로그램이었다면 환영을 받았을 텐데 전례가 없던 '몸 놀이' 프로그램은 통하지 않았던 모양이다. '춤' 프로그램에 대한 고정 관념은 지금도 대부분 사회교육시설에 그대로 존속되고 있다. 춤의 시작은 원시 시대 치료, 치유, 기원의 목적이 담긴 주술적인 몸짓이었다. 그것이 제도화되면서 장식적인 예술로 바뀌게 된 것이다. 하지만 상실의 시대, 다시 춤의 본래 의미를 살려야 할 때가 온 것이 아닌가 싶다.

강미희는 사람들 속에 숨어 있는 몸의 움직임을 활성화해 자존감을 회복하게 하고 타인과 소통을 원활하게 할 수 있다고 설명했다. 마침 그날 '몸 놀이'에 참여했던 주부들은 "속이 시원해지는 것 같다" "오랜만에 몸이 가벼워진 것 같다"는 말을 했다. 90분 동안 그 어떤 설교나 위로의 말을 하지 않았는데도 참여했던 주부들의 몸이 먼저 반응한 것이다. 학교 폭력 문제도, 현대인의 우울증 문제도 '몸 놀이 프로그램'이 새로운 대안이 될 수 있다. 색다른 도전을 하는 춤꾼, 강미희에게 응원을 보내고 싶다. 올가을, 문화센터나 학교 현장에서 강미희의 몸 놀이 프로그램을 만날 수 있으려나.

『부산일보』 2012. 9. 12. 김효정 기자

2012 문화예술교육 자율연구모임
BAL(Busan Arts Lounge) 지원사업
몸 워크숍
WITH
향유자

"모두가 춤으로 소통하는 창의적 몸 놀이"

모두가 참여할 수 있는 자유로운 춤 놀이를 통하여 생활로부터의 움직임 창출을 이끌어 내고, 다양한 몸 놀이에서의 영감과 체험을 통한 시민 누구나 건강한 춤으로 향유할 수 있는 문화예술교육프로그램 개발과 향 후 발전 모색을 위한 BAL(Busan Arts Lounge) 공개 몸 워크숍에 누구나 초대하여 함께 진행하고자 합니다.

모집 안내
2012. 9. 6 (목) 오후 4:00~6:00
금정구 예술공연지원센터
모집인원 20-30명(누구나 참여가능)
간편한 복장. 참가비 없음

1부 도입	2부 짐볼 놀이
스트레칭	다함께 춤을
접촉 놀이	대화하기

주최 : 문화체육관광부 부산광역시
주관 : 부산문화재단 부산문화예술교육지원센터
문의 : 춤과생활 연구회 010-6552-0728(대표 강 미희)
참가신청 : 부산문화예술교육지원센터 www.bsarte.or.kr

제3장

몸짓 예술 춤으로
문화예술교육을 하다

우리의 몸은 활동을 통해 유쾌함을 얻는다.
노동하는 몸 활동과 유희하는 몸 활동은
인내하는 고통과 기쁨이 확연히 다르다.
생각해야만 가능한 창조하는 몸 활동은
당장 즐겁기보다는 서서히 깨닫는
과정에서 얻어지는 희열과 몸의 활동을
배가시키는 원동력을 동시에 얻게 된다.
우리는 몸을 창조적으로 개발하고 있는가?
일상의 삶 속에서 창조적 몸이 되어 나와
진정으로 만나고 있는가를 모두에게 묻고,
듣고, 말하며 소. 통. 하. 고. 싶다.

가장 순수한 몸짓의 주체자로
생활 속 삶의 활력을 충전

우리는 감성과 신체가 잘 조화된 이상적인 전인교육이 절실히 필요로 하는 시대에 살고 있다. 무용가로서 늘 해왔던 창작무대에서 관객을 만나는 것을 기획하고 공연을 무대에 올려야 하겠지만 문화예술교육 프로그램을 개발하여 일반인과 아동, 청소년을 찾아가 그들의 몸짓에 날개를 달아주는 일이 지금 내가 해야 할 역할이 되었다. 무용가가 꿈이었던 내가 춤추고 창작만 하면 되는 줄 알았던 20대의 그 시절과는 훨씬 다르게 세상이 바뀌어 있다. 그래서인지 최근엔 스스로에게 날개를 달아줄 수 있는 창작공연보다 문화예술교육에 더 심취되어 있다.

그 이유인즉 창작을 위해 안무하고, 무용수로서 춤을 추는 즐거움 못지않은 또 다른 큰 즐거움이 여기에 있기 때문이다. 나는 다양한 사람들을 만날 수 있는 문화예술교육 프로그램으로 감성이 충만해 있다. 공연에서처럼 내가 중심이 되어 춤을 추고 안무를 하는 것이 아니라, 그들이 중심이 되어 스스로 드러내는 몸짓을 내가 감상하고, 각자에게 드러난 정서를 서로 바라봐주며 공감의 시간 속에서 사람 이야기를 알게 되는 다양한 배움이 여기에 있다. 분명한 것은 내가 현재 심취할 만한 곳에서 즐기고 있다는 것이다. 그리고 누군가에게서 예술가가 왜 교육을 하려고 하는가? 라는 질문을 받고 답을 하지 않았던 것은 지금이 즐겁고 행복하기 때문이다.

오래전 "춤이 되기 이전의 움직임으로 돌아가자", "한순간도 가르치지 않는 혁명"을 외치던 다나카 민(田中泯) 선생님과 그의 무용단 마이주꾸(舞塾)의 아트캠프 하쿠슈(白州) 전단지에 올려져 있던 메시지뿐만 아니라, 유학 첫날 선생님이라고 호칭하였더니 그냥 민씨라고 불러달라고 했던 그 순간의 충격이 지금의 나로 성장시켜준 동력이다.

타국에서의 첫날밤, 신체기상농장 2층에 마련되어 있는 무용수들의 합동 숙소는 방바닥이 합판으로 만들어져 있어, 평소 온돌에 익숙해져 있던 내게는 매우 춥게 느껴졌다. 첫날 밤 몸을 웅크리고 선잠을 자야 했던 일은 앞으로의 유학생활이 가져다줄 고통과 외로움을 상징적으로 설명해주는 듯했다. 그리고 밤을 뒤척이며 밤새도록 스스로에게 답을 구해야 했던 내 생각의 결론은 민 선생님, 마이주꾸 단원들과 함께 공동체로 작업하면서 자연과 더불어 나에게 자유로운 사고를 할 수 있도록 모든 환경을 열어주었다는 것이었다.

문화예술교육은 가르치는 것이 아니라 환경을 제공하여 향유자 스스로 생각하고 느낄 수 있는 방법과 표현하게끔 도와주는 역할!

오늘날 우리사회가 바라는 문화예술교육은 결토 가르치는 것이 아니라 환경을 제공하여주는 것이고, 향유자가 스스로 생각하고 느낄 수 있도록 환경을 열어주는 것이며, 향유자 스스로 표현하게끔 도와주는 매개자의 역할을 하는 것이다. 학교교육에서도 지성과 감성이 어우러지는 개인의 성장과 학업발달을 통합시켜 자아 발견과 영감, 정신성(spiriruality)을 키움으로써 공동체 발전에 핵심적인 역할을 하는 인재를 길러낼 수 있도록 자율성과 상호소통 과정이 있는 문화예술교육 환경이 마련되어야 하겠다.

특히 사회적으로 대두되고 있는 다양한 문제(예: 비행 청소년의 증가, 성매매, 폭력, 자살)의 예방 차원에서 교육환경을 제공하는 것은 물론, 정신과 신체의 이분화가 아닌 전인교육을 위해 집중력을 요구하는 몸짓인 춤을 통해 문화예술교육을 함으로써 우리사회의 희망, 소통의 문제, 불안, 자살뿐만 아니라 인간사회의 한 구성원으로서 인간적인 행복한 삶을 영위할 수 있도록 도와줄 수 있다.

창의적 몸짓을 통한 자기 탐구, 정신과 몸, 감정의 통합으로 발현되는 "가장 순수한" 표현을 통해 우리 모두 문화예술의 활동 주체자로 설 수 있다. 그리하여 생활 속에서 춤 예술을 즐기며 건강한 삶의 활력을 충전하게 되면 좋겠다. 특히 내가 신체적으로 무기력하고 올바른 사고를 하는 방법을 모르는 피해 청소년들과 춤을 추기엔 어려운 장애인들을 교육의 대상으로 하는 이유는, 내가 무용가로서 몸의 미적 활동으로 표현하는 경험을 많이 가지고 있기 때문이다. 몸의 움직임을 통해 치유력과 사고력을 향상시키고, 자존감과 자긍심을 회복시켜 자신의 진정한 존재 가치를 깨닫게 해주는 것이 나의 역할이다.

_부산문화예술교육지원센터 웹진 Bean's Story 43호

문화예술교육이란?

　창조성을 기대하는 사회는 문화적으로 다양한 측면에서 개방되어야 한다. 그렇다면 오늘날 이 시대가 원하는 문화란 무엇인가? 그러한 예술이란 무엇일까? 이러한 교육은 어떻게 해야 바른 소통이 될 수 있을까? 또한 우리 모두가 누리는 문화예술교육은 지금 어디쯤에 와 있는 것일까?

　1992년에서 1993년까지 2년간 일본 유학 생활을 하면서 나는 지금의 국내사정보다 좀 더 빨리 이색적인 문화예술교육 현장을 지켜볼 수 있었다. 지금 우리 사회에서 진행되고 있는, 국가가 장려하는 문화예술교육의 정책 형태와는 확연하게 다르다. 특히 한 사람의 예술가로 1980년 중반에 출발하여 2006년까지 독자적인 문화예술교육 캠프와 축제를 자기만의 독특한 개성과 철학으로 20년 넘게 운영하였다는 것은 실로 놀라운 일이 아닐 수 없다.

　우리 국내 사정을 살펴보면, 정책적으로 문화예술교육이라는 명칭을 사용한 시기는 2005년이지만, 유학 이후 내가 직접 강사로 몸 워크숍에 참여했던 1998년부터 그 조짐은 일고 있었다. 서울여성문화예술기획에서 여성을 중심으로 예술체험을 시도하기 시작하였으니, 문화예술교육은 이미 이때 이전부터 여러 곳에서 자발적으로 형성되고 있었다고 가늠해볼 수 있다. 그것은 2002년 서울여성문화예술기획에서 나에게 요청해왔던 수신 메일 안내지에서도 확연하게 드러나 있다.

자유롭게! 거침없이! 신나는 자기발견과 즐거운 담론!
여성의 자기표현 워크숍

여성문화예술기획에서는 1998년부터 시작된 여성의 자기표현 Workshop '자아를 찾아가는 연극 여행', '자아를 찾아가는 미술 여행'을 4년에 걸쳐 보완하여 '자아를 찾아가는 춤 여행'을 추가해 더욱 다양한 예술 체험을 시도한다.

각종 문화센터나 사회교육원 등 대중을 대상으로 한 문화예술교육은 기능 중심으로 이루어져, 예술의 본래적인 기능인 자기 치유와 위안, 자아 성찰을 통해 사람들과 소통하고 공동체를 발견하는 등의 효과를 거두지 못하고 있다. 이에 여성문화예술기획에서는 일반 여성들이 예술매체에 손쉽게 다가갈 수 있도록 문턱을 낮추며 자기표현 능력을 훈련시킴으로써 예술교육의 질적 전환을 이루어내고 여성 스스로 당당한 자신감을 갖도록 하는 효과적인 프로그램으로 큰 반향을 불러일으켜 왔다. 연극과 미술, 사진을 통해 '여성의 눈으로 세상보기', '여성의 몸으로 자기표현 하기', '여성의 손과 가슴으로 세상 만들기'를 시도하는 것은 여성들의 문화 체험과 생산, 나아가 21세기 대안문화를 형성하는 매우 의미 있는 일이라 하겠다.

_여성문화예술기획 수신 메일에서

본격적인 국내 문화예술교육의 역사적 출발을 살펴보면 문화체육관광부와 교육인적자원부가 2003년 문화예술교육 활성화 추진계획을 수립하면서 시작되었다. 2003년 참여정부 출범과 함께 문화예술교육은 커다란 전기를 맞는다. 문화관광부 내에 민간 전문가가 다수 포함된 문화예술교육 TF 가 구성되었고 여기서 연구된 내용은 상당 부분 정책에 반영되었다(오세곤, 2011: 137).

　　이 계획은 2004년 문화예술교육 활성화 종합계획으로 구체화되었고, 2005년 2월 문화예술교육진흥원 설립, 2005년 12월 문화예술교육 지원법 제정으로 뒷받침되었다. 2006년 6월 말 국무회의에서 그 시행령이 통과됨으로써 정책적으로 본격 시행된 문화예술교육은 해를 거듭할수록 더욱더 확대 실시되고 있으며, 2009년부터 문화예술교육지원센터 설립 방향을 기초 단위에서 광역 단위로 전환하고 지속적으로 관련 노력을 기울여온 결과 2015년 현재 전국에 16개소의 광역 문화예술교육지원센터가 지정, 운영되고 있다(백령, 2015: 188).

　　이러한 국가 차원의 노력으로 과거에는 예술이 특정 계층이 누리는 상류층의 전유물로 간주되었으나 오늘날 누구나 접하고 즐길 수 있는 대중문화의 영역으로 인식되면서 예술교육에 있어서도 사회 구성원으로 하여금 문화예술의 향유자로서 뿐만 아니라 생산자로서 창의력과 상상력 및 문화적 감수성과 비판적 판단력을 갖출 것을 요구하는 문화의 시대를 열어가게 되었다.

그동안 정부는 문화예술 콘텐츠를 통해 문화 격차를 해소하고 지역사회 공동체의 소통과 화합을 이끌어내어 문화 회복을 지향하는 다양한 문화예술교육 프로그램의 발굴과 지원을 아끼지 않았다. 이러한 문화정책 방안에는 예술가와 지역주민과의 소통을 통한 문화회복을 지향하여 문화예술교육의 저변확대에 그 목적을 갖고 있으며 아울러 글로벌 시대에 맞는 창의적 인재 양성에 그 기반을 두고 있다.

시대적 변화에 맞게 정부가 지칭하고 있는 문화예술교육이란 문화, 예술 그리고 교육 이 세 가지 단어의 합성어로, 다소 복잡한 의미를 가진다. 먼저 문화예술교육의 개념은 비교적 최근에 대두되었고, 이에 대한 개념적 논의는 실제적 적용에 비해 상대적으로 부족하였다. 때문에 문화예술교육을 논함에 있어 예술교육, 문화교육이 혼재되어 사용되어왔다. 여기에서 '혼재되어 있다' 함은 단순히 용어가 혼용되어 사용되고 있다는 의미가 아니라 주체군(群)에 따라 교육의 목적과 내용 그리고 용어가 다르면서 그와 동시에 개념과 용어들이 서로 겹쳐져 있는 면이 존재하고 있음을 의미한다(김세훈, 2004; 임학순, 2006). 다시 말하면 문화교육, 예술교육, 문화예술교육의 목적 면에 있어서 유사성과 차이성의 관계구분이 불명확하다는 것이다(유은지, 2014; 6).

현재 문화예술교육은 문화예술·문화산업·문화재·생활문화 전반을 표현하는 광의의 개념으로 이해되고 있으며, 주로 문화교육+예술교육을 함께한다는 의미를 지니며 문화예술교육에 대한 접근성(access)을 증진하고, 모든 국민의 창의력을 함양하는 데 초점을 두고 있다. 문화예술교육은 예술적 표현 기법만을 가르치는 것이 아니라 예술적 이해를 통해 자신을 표현하고 사회를 이해하는 보다 넓은 의미로, 개인적, 사회적 맥락 속에 위치한 개념이다.

문화예술교육이 정책 용어로 본격적으로 사용된 것은 예술교육과 문화교육의 접점을 모색하는 과정에서였다(임학순, 2007). 하지만 예술교육과 문화교육은 대립 혹은 명확히 분리되지 않는다. "문화교육은 예술교육의 사회적 역할을 강조하고, 예술교육은 예술적 경험을 하는 과정에서 문화적 위미를 지닌다"(이동연, 2003). 즉 문화예술교육은 예술교육이나 문화교육과 별개의 새로운 독립 영역에 속한 것이 아니라, 예술·문화 그리고 교육의 영역 안에서 유기적으로 연계되어 이해되어야 하는 개념이다(송미숙, 2014; 24-25).

다음은 문화예술교육의 개념을 학자별로 정의한 표이다.

일상의 몸과 소통하기

학자(연도)	개념정의
이동연(2003)	예능교육의 새로운 교육 방향성을 제시해주는 메타적 언어이면서, 예능교과가 가지고 있는 매체상의 기능적인 구분을 넘어서려는 통합 교육적인 의미
김세훈(2004)	예술교육이나 문화교육과 별개의 새로운 독립 영역을 구성하는 것이 아니라 '예술'과 '교육'이 각자의 지향 속에 유기적으로 연계된 교육
문화체육관광부(2005)	문화예술교육지원법에 따르면 문화예술교육은 문화예술, 문화산업, 문화재를 교육내용으로 하거나 교육과정에 활용하는 교육으로 폭넓게 규정하고 있으며, 크게 학교 문화예술교육과 사회문화예술교육으로 세분
양원모 외(2006)	예술적 표현기법만을 가르치는 교육이 아니라 예술적 이해를 통해 자신을 표현하고 사회를 이해하는 보다 넓은 개인적, 사회적 맥락 속에 위치한 교육을 목적으로 함
민경훈(2007)	현행예술교육이 보여주는 형식적 제약성과 문화교육의 내용적 광범위성이 상호 지양된 형태의 교육
임학순(2007)	정책현장에서는 '문화예술교육'이라는 용어를 사용하며 문화예술, 문화산업, 문화재, 생활문화 전반을 포괄하는 광의의 개념으로 이해하고 있으며, 주로 예술교육에 대한 접근성(access)을 증진하고, 모든 국민의 창의력을 함양하는 데 초점
한국문화예술교육진흥원 (2010)	문화나 예술 또는 문화예술에 대한 교육을 의미. 하지만 문화예술교육의 영역을 문화, 예술, 교육 각 영역의 하부 영역으로 간주할 수도 있고, 이 세 가지 영역의 공통영역으로 간주할 수도 있음

(숙명여자대학교 대학원 성도의, 2012: 12)

왜 문화예술교육이 사회·문화·교육의 주요한 담론이 되었는가? 인간은 문화 예술적 체험을 통해 자신의 존재를 확인하고 자기성취와 의미구현을 이루게 되는데, 이 모든 과정에서 인간을 문화적 존재로 성장시키는 것이 바로 문화예술교육이기 때문이다. 이러한 이유로 전 세계적으로 문화예술교육에 대한 요구가 커지고 있으며, 문화예술을 향유하는 능력이 시민·사회·국가의 질적 수준을 가늠하는 척도가 되었다(송미숙, 2014: 13).

동시대 예술작업의 중심이 '예술을 위한 예술(arts for arts sake)'에서 '예술을 매개로 한 예술(arts for arts mediation)'로 이동하면서 예술교육의 가치 기준도 창작과 감상이라는 예술적 관점에서 미적 감수성과 창조적 역량이라는 교육적 관점으로 변화하고 있다. 21세기에 들어서면서 '지식'에서 '역량'으로 세계 교육의 패러다임은 변하고 있다. 미래학자들의 논의를 종합하면 미래 사회는 미적 가치와 감성적 가치가 존중되고 상상력이 중시되는 사회다.

그리고 소통(communication), 협업(collaboration), 창의성(creativity) 등이 구성원들에게 요구되며 디자인, 스토리, 조화, 공감, 놀이, 의미 등이 문화적 요소로 강조될 것으로 전망된다. 세계적 문화 정책의 추세 속에서 미래 사회를 주도하는 핵심 역량과 개념으로 강조되고 있는 것은 '창의성'과 '감성'이다(백령, 2015: 21).

문화예술교육을 논함에 있어서 미학자이며 교육철학자인 맥신 그린(Maxine Green)을 꼽는 이유는 바로 사회적 실천에 관심을 갖고 교육현장 개선에 기여하는 실천가였기 때문이다. 역사와 전통의 문화적 맥락을 이해할 필요에서 통시성 교육을 강조하고, 현 사회의 다양한 문제에 민감해야 할 필요에서 공시성과 다양성을 수용해야 하므로, 예술과 삶 현장에서 문화예술교육의 필요성이 등장하였다(곽삼근, 2016: 408).

우리의 문화예술교육 정책을 수행하는 대표적인 두 기관을 통해 문화예술교육의 방향을 알아보고자 한다. 문화예술교육 주관 부처인 문화체육관광부에서는 문화예술교육을 통해 무용 신체 활동을 통한 표현력 향상, 연극에서 역할극을 통한 공감능력향상, 문학 활동을 통한 비판적 사고력 함양, 영화와 인문학의 만남을 통한 교양함양, 미술놀이를 통한 가족 간 유대감 강화, 음악 밴드 활동을 통한 건전한 또래 문화 형성 등 공감 능력 향상을 위한 문화예술교육과 아동·청소년기, 성인기, 노년기 등 생애주기별 문화예술교육, 그리고 교육 주관 부처인 교육부와 함께 '꿈과 끼'를 키우는 교육인 문화예술교육에 대한 협력 강화라는 방향을 제시하고 있다.

먼저, 예술교육은 인간이 자신을 이해하고 성취하는 과정이며 문화교육은 인간으로 깨우쳐가고 형성되어가는 과정이다. 따라서 문화예술교육은 인간의 자기성취 교육이다. 문화예술교육은 교육 활동이 개별 문화예술의 이론과 실제에 기초하여 이루어지고 문화예술 자체가 교육의 목적이 되면서 문화예술을 도구적 관점으로 파악하여 문화예술의 내적 원리를 활용하여 교육의 의미와 목표를 구현하는 것으로 파악된다.

또한 문화예술교육지원법에 따라 문화예술교육을 지원하는 문화예술교육진흥원은 문화예술 체험을 통한 창의성 함양 및 고양, 문화예술을 통한 세대 · 계층 간 이해 공감 증진의 문화 수용력 제고, 상생을 위한 문화예술교육 강화, 문화예술교육의 선순환적 협력 체계 구축, 문화예술교육 인프라 강화를 통한 교육 기반 질적 제고 등을 통해 상생과 공존의 문화예술교육 지원 체계를 구축하여 삶의 질 향상을 위한 문화예술교육을 실현하고자 하는 비전을 제시하고 있다(이정화, 2014: xviii).

문화예술을 통한 교육은 층위에 따라 네 가지 입장이 있다.

첫째, 예술을 문화와 교육의 상위 개념으로 설정하여 예술의 가치를 중심에 놓는 것이다.

둘째, 문화와 예술을 범위에 따른 상 · 하위 개념이 아닌 병렬 개념으로 이해하는 것이다.

셋째, 문화 교육을 장르, 과목 등에 구애받지 않는 학제 간 통합 교육으로 이해하는 것이다.

넷째, 문화 예술에서 문화의 가치를 상위 개념으로 놓는 것이다. 이러한 네 가지 층위에 대한 입장은 예술을 중심으로 한 예능교육에서 벗어나 예술을 도구로 하여 문화로 층위를 이동하면서 확대하는 개념이다.

즉 문화예술교육은 문화 복지사회 구현을 위한 미적, 예술적 교육을 통해 문화 창조력과 문화 향유력을 향상시키는 것이다. 문화로 확대된 교육이란 복합적 인간능력을 단순화하는 기존 교육의 관행을 극복하고 지식교육, 인성교육, 예체능교육의 균형 발달에 이바지하는 새로운 교육 체계가 필요하게 되면서 제시된 개념이다.

또한 문화예술교육은 인간의 자기이해 교육이다. 인간 삶의 총체적 이해의 틀로서 자기 성취적 교육과 다양성 안에 담겨 있는 인간의 보편성에 근거하여 문화와 인간을 폭넓고 깊게 이해하는 자기 이해적 교육, 그리고 참으로 인간다운 인간으로 만드는 자기 성찰의 틀을 배우는 자기 성찰적 교육이다. 또한 다른 예술분야와의 통합을 통해 전문 예술인뿐만 아니라 일반인들이 예술을 통해 문화적·예술적 차원에서 깊이 있는 소양을 지니고 삶을 풍요롭게 살 수 있도록 한다.

한편, 문화예술교육은 문화교육·예술교육과 상호보완적인 관계이자 유기적인 관계를 유지하면서 예술적·문화적 이해, 감상, 체험 활동교육과 같은 인지적·감성적 교육 모두를 아우른다.

문화예술교육은 일반적으로 행해지던 공교육에서의 예능교육과 달리 예능교육의 새로운 방향을 제시하는 메타적 언어로서(이동연, 2003), 기존의 예능교과목과 인문사회 교과목의 통합을 통해 분절된 교과의 내용이 아닌, 문화와 예술의 영역이 교차되어 통합된 형태의 예술을 체험할 수 있도록 한다. 이러한 경험이 중요한 이유는 문화예술의 경험을 통해 문화예술교육에 대한 지속적인 참여 및 학습 욕구를 이끌어낸다는 점이다. 참여자로 하여금 추가적인 교육에 대한 욕구를 이끌어내는 것이다. 그렇게 하여 교육의 수준과 전문성을 높여갈 수 있는 기회를 만든다. 이러한 문화예술교육은 점차 사회 전반의 장으로 확장되어 일반 시민의 예술적 소양과 감성을 고취시키는 데에 큰 몫을 하고 있다.

이러한 내용을 바탕으로 문화예술교육의 가치를 정리하면 다음과 같다.

첫째, 문화예술교육은 현대인에게 삶의 질 고양을 위해 문학적, 역사적, 철학적, 예술적으로 연구하고 접근하는 모든 학문을 아우르는 토대를 제공하여 인문정신을 되살려준다.

둘째, 문화예술교육은 문화예술 활동에 참여하는 개인에게 교과목에 포함되지 않은 대중문화와 다양한 매체 교육을 강화시켜 다양한 체험을 실시함으로써 창의성, 사회성, 인성, 문화적 리터러시를 함양하게 된다.

셋째, 문화예술교육은 전문적인 예술교육의 개념을 확장시켜 비전공자, 일반 시민이 문화예술 활동에 참여하여 상생을 통한 지역사회 발전을 지향한다.

넷째, 문화예술교육은 각 예술 장르가 지닌 교육적 의미를 발견하고 예술적·문화적으로 통합된 형태의 문화예술 체험활동으로 확장의 기회를 제공한다.

다섯째, 문화예술교육은 지속적인 참여 및 학습 욕구를 이끌어낸다는 점이다. 참여자로 하여금 추가적인 교육에 대한 욕구를 이끌어내는 것이다. 그렇게 하여 교육의 수준과 전문성을 높여갈 수 있는 기회를 만든다.

여섯째, 문화예술교육은 일상생활에서 향유와 내면화를 가능하게 하여 대중성과 공공성을 높이는 데에 기여하여 개인과 사회, 공동체의 유기적인 연계성과 소통을 촉진한다.

일곱째, 문화예술교육은 모든 국민의 문화예술 향유와 창조력 함양을 위해 평생에 걸쳐 문화예술을 체계적으로 학습할 수 있는 균등한 기회를 제공하며 전 국민을 대상으로 한다.

여덟째, 문화예술교육은 문화예술 활동에서 그 대상이 되는 인간에 대한 이해를 바탕으로 자신의 경험을 통해 성장하고 자신의 존재성이 드러날 수 있도록 돕는다.

문화예술교육은 문화로 확대된 교육으로 복합적 인간능력을 단순화하는 기존 교육의 관행을 극복하고 지식교육, 인성교육, 예체능교육의 균형 발달에 이바지하는 새로운 교육 체계가 필요하게 되면서 제시된 개념이다. 즉 문화예술교육은 문화 복지사회 구현을 위한 미적, 예술적 교육을 통해 문화 창조력과 문화 향유력을 향상시키는 것이다. 문화예술교육은 학교체제뿐만 아니라 대학 등의 고등교육기관, 창의 산업과의 연계를 증진시켜야 한다.

문화예술교육은 그동안의 양적인 사회적 팽창과 발전을 이어오고 있지만 실제적인 방법론에 있어서 보다 체계적인 연구가 더욱 필요한 제2의 성장과정이 이루어지고, 일관된 철학적인 배경을 바탕으로 교육방법론의 체계가 이루어졌을 때 그 교육의 효과는 극대화될 것이다. 그리고 문화예술교육이 활성화되면서 시작되었던 통합형 문화예술교육이라는 용어가 나타나는 현상이 대두되었는데 특히 청소년을 대상으로 하는 문화예술교육 프로그램을 설계하는 경우에는 다양한 미적 경험과 사고를 할 수 있는 통합형 문화예술교육이 바람직하다고 여겨진다.

통합문화예술교육이란?

　오늘날 교육 개혁의 핵심은 열린교육, 인성교육이다. 21세기에 필요한 인재는 획일적이고 주조된 인간형이 아니라 스스로 선택하고 결정할 줄 아는 자율화된 새로운 인간형이다. 규율, 규제, 명령이 몸에 밴 사람은 스스로 결정하지 못한다. 그리고 학생들을 한 줄로 세우는 서열화된 교육은 뒷전에 있는 수많은 학생을 도태시키는 것이다(조혜정, 2000: 16). 통합문화예술교육은 문화예술교육의 목적과 의미를 실현하기 위해 문화 · 예술 장르 간의 통합성을 강조하며 등장한 개념으로 다양한 영역의 예술과정들을 통합적으로 체험하고 소통함으로써 우리의 삶과 문화를 변화시키는 교육을 의미한다.

　최근 문화예술교육의 흐름은 장르를 초월하는 통합문화예술적인 맥락을 지향하고 있다. 문화예술교육은 문화 · 예술 · 과학 · 기술 · 인성 · 타 교과 및 장르와의 통합교육으로 자기 표현력뿐만 아니라 소통과 이해력에 바탕을 둔 인간의 삶의 질적 향상에 한 몫을 담당하고 있다(김인옥, 2016: 30). 우리사회는 그동안 국가의 정책으로 2006년 6월 말 국무회의에서 그 시행령이 통과됨으로써 정책적으로 본격 시행된 문화예술교육은 10여 년의 짧은 역사를 지닌 사회로, 최근 21세기적인 인간형을 위한 문화예술교육이란 문화예술교육, 또 하나의 선택으로 통합교과와 특성화 교육으로 변화를 시도하고 있다.

국어사전은 "통합"을 "기본적으로 둘 이상의 조직이나 기구 따위를 하나로 합침"으로 정의하면서 교육 분야의 경우 "아동 및 학생의 생활 경험을 중심으로 학습을 종합하고 통일함. 또는 그런 일"로 설명하고 있다.

이제 문화예술교육의 단계를 넘어 예술분과와 지식교육의 통합이 새로운 교육 형태로 대두되고 있다. 관련이 없는 여러 교과에서 요소의 공통분모를 찾아내고, 연계성을 파악하여 통합교과로 승화시키는 것이다. 이것이 통합문화예술교육이다. 지식교육과 예술교육의 새로운 융합이 흥미를 유발하기도 하고, 주제와 전혀 다른 또 다른 지식을 습득하게 한다. 체험을 통하여 다방면의 분과를 한 번에 경험할 수 있고, 개인의 주관적 개념과 사회적 판단 속에서 자율적 행동의 가치변화에 영향을 주기도 한다(유은지, 2014: 46-48).

아트캠프 전통 노(能) 워크숍, 1993

예술의 역사에서 탈 장르 예술을 추구했던 1950년 말 혹은 1960년 초부터 부상한 하나의 문화 혁명으로 집약할 수 있는 아방가르드 예술의 한 표현 양식에서 음악, 영화, 무대, 회화, 조명 등을 복합한 인터미디어(intermedia)는 2개 이상의 예술이 무대에서 공존하여 히지가타 춤에 의해 또 하나의 새로운 예술 장르로 탄생되어 전 세계적으로 예술계에 영향을 미친 부토(舞踏)는 초현실주의 생성과정과 마찬가지로 왜곡된 현실 비판으로 시작되어 다다이즘(dadaism)과 같은 구성 원리를 활용하였다(강미희, 1997: 11).

오늘날에는 다양한 예술 장르가 서로 만나고 연결되어 융·복합됨으로써 자율성을 통해 학습자의 개성과 소질을 발휘하게 해주는 활동 중심의 통합예술교육이 더욱 필요하다. 예술교육의 다양성이 확보되지 않았던 과거 대부분의 예술교육이 예술가를 양성하기 위해 기량 또는 기술을 향상시키려는 지도 방법 내지 교재를 활용하였다면 이제는 예술교육의 목표를 일상 속의 직·간접적 참여와 향유, 주도적 경험, 감수성 계발 등으로 재설정할 것이라 생각할 수 있다. 이러한 예술교육의 인식과 현장의 변화는 국내에서 통합예술교육이 등장하게 된 배경이라 할 수 있다(백령, 2015: 25).

예술교육은 감각과 통합된 전체로서 직접적인 감각에 최대한으로 관심을 기울이는 것이다. 미를 교육하는 과정은 추상적이고 개념적인 사고의 발달에만 목적이 있는 것이 아니라 구체적이고 감각적인 사고의 발달도 추구해야 한다. 학생들은 소리를 내야 하고 색칠을 해야 하며 조형을 해야 하고 움직여야 하며 접촉해야 한다. 예술의 근원적이고 통합적인 것에 의한 교육이므로 형태, 소리, 움직임, 맛, 냄새, 감촉 등의 모든 직접적인 감각으로 학생들이 세계를 직접 경험하는 문제를 다룬다(고경화, 2003: 34).

톰 오펜하임은 예술과 사회의 정의에서 예술교육의 목적이 예술가들을 대량으로 생산해내는 것이 아니라고 말하였다. 예술교육은 모든 사람에게 필수적이고, 청소년으로 하여금 시간이 흘러도 변치 않는 영원한 소통의 언어를 습득하도록 유도하는 역할을 한다. 우리는 경제적인 지위나 여건과는 상관없이 모든 아이에게 예술을 보급하기 위해 노력하며, 이를 통해 청소년들이 스스럼없이 말하고 볼 수 있게 되어 자신의 인간성을 충분히 경험하게 하도록 돕는다. 이는 종종 기회가 거의 없거나, 풍부한 상상력이 삶과 죽음의 문제와 직결될 수 있는 저소득 지역에서 특히 중요하다(주은정 역, 2013: 19).

그러나 유감스럽게도 우리의 경우는 교재, 교사, 교과 운영 지침 등 최소한의 교육 시스템 정립이 우선적으로 필요하다. 어찌 보면 연극 교과목이 음악, 미술, 체육 등과 같은 국민 공통 기본 과목이 되어서, 전 국민이 어렸을 때부터 자연스럽게 연극을 경험하는, 이른바 생활연극에까지 이르는 것이 더 자연스러울 수도 있을 것이다. 예를 들면, 현재의 음악, 미술뿐만 아니라 무용, 연극, 영화 등까지 포함하여 '통합예술교과'를 설치한 뒤 경우에 따라 분리 또는 결합하여 가르치는 방식은 우리의 현실에 맞는 대안일 수 있다(이원현, 2013: 15).

이러한 문제에 최근 문화예술교육은 각 예술 영역의 내용과 주제의 통합을 중심으로 이루어지고 있으나 학생들의 창의성과 감수성, 문화에 대한 인식 능력을 기르기 위해서는 다채로운 교육내용의 구성과 다양한 교육방법적 접근이 필요하다. 이를 위해 각 예술 영역 간의 고정적인 교육 내용에서 벗어나 특정 단원의 주제를 중심으로 한 가지 주제를 음악, 미술, 무용 등 여러 가지 기법으로 표현해볼 수 있다. 대표적인 통합형 프로그램으로서 STEAM 교육(융합인재교육)은 과학, 공학, 예술, 수학 중 두 가지 이상의 교과 내용과 과정을 융합하는 교육 주제를 중심으로 하여 그와 관련된 다양한 분야로 사고를 확장하여 탐구한다. 이러한 시도는 통합형 교육을 위한 한 가지 사례로 주로 문화예술교육 프로그램과 학교 정규 교과의 통합을 통해 이루어지고 있다.

이처럼 통합문화예술교육은 다양한 예술과의 활동중심 교육이 되어야 하며 이것은 몸 감각 깨우기로서 상황 속에서 직간접적인 경험을 통해 학습하고 내재화하는 과정의 활동이 되어야 한다. 학문적 지식과 더불어 직접 체험하여 경험하고, 자기화하는 과정은 통합문화예술교육을 통해 이를 가능케 하는 창구 역할을 할 수 있다.

통합문화예술교육에서 춤 예술은 몸으로 직접 체험하는 영역에서 출발하여 다양한 예술 장르와 소통하고 협력하여 이루어내는 통합적 발현의 중심에서 표현되는 창의적 사고와 표현의 다양성을 주도할 수 있는 장점을 지니고 있다. 이것은 어떤 연령과 대상에만 국한된 개념이 아니라 다양한 문화예술까지 포함할 수 있는, 몸으로 실천하는 실험적이고 미래지향점을 모색하는 발전적 측면에서 바라볼 수 있다는 특성을 지닌다. 또한 춤 예술은 통합문화예술교육에서의 활동중심 교육과 몸 감각 열기로부터 이해하기, 다양한 통합적 예술언어로 창작하고 표현하기의 역할로서 중요한 의미를 지닌다.

학교 밖 청소년 문화예술교육

성폭력 피해 청소년을 위한
"내 안의 몸짓을 찾아 애니메이션으로 소통의 날개 달기"

문화체육관광부 주최 2012년 청소년 문화예술 돌봄 프로젝트 지원 사업 "내 안의 몸짓을 찾아 애니메이션으로 소통의 날개 달기"는 성폭력 피해 청소년을 위한 예술치유 프로그램이다. 13세에서 19세의 성폭력 여성청소년의 특성을 고려한 비언어적이며 창의적인 신체표현활동과 애니메이션의 제작표현활동으로 자신의 몸짓을 감상하는 단계로 교육의 성과를 이끌어낸다. 융·복합 예술치유 프로그램의 실연 과정을 통하여 타인과의 커뮤니티의 원활한 개선을 도와 자긍심을 회복하는 과정의 프로그램이다. 학교 밖 청소년 문화예술교육 지원 사업으로 명칭이 바뀌어 2013년에도 지속적으로 진행되고 있다.

부산 양지터 내 교육실

몸짓과 미디어가 만나 융합예술로 소통하다

    탈 장르 예술을 추구했던 1950년 말 혹은 1960년 초부터 부상한 하나의 문화 혁명으로 집약할 수 있는 아방가르드 예술의 한 표현 양식에서 음악, 영화, 무대, 회화 등을 복합한 인터메디아(intermedia)는 2개 이상의 예술이 무대에서 공존하여 복합된 또 하나의 새로운 예술 장르로 탄생되던 그 시점에서 무구한 시간이 흐른 오늘날 우리의 문화예술교육의 현장에서 인간의 몸과 몸짓이 미디어와 융합하여 극장무대에서 공연되어 참여 청소년 가족과 시민이 함께 소통하는 시대에 이르렀다.

    인간의 몸이 문화예술의 핵심으로 들어앉은 디지털시대에 통합문화예술교육에서 융·복합 문화예술교육으로 보다 세분화되는 현실에서 미디어와 몸짓 예술의 융합은 대중사회, 정보지식 산업시대에 맞게 다양하게 결합하고 판별하며 표현하고 해석해낼 수 있는 복합적 사고 능력을 키우며 삶의 방식을 반영하는 문화적 리터러시(Literacy) 교육 방식으로서의 선도적 역할로서 문화예술교육의 한 부분으로 자리매김할 수 있을 것으로 보인다.

    과거 전문무용가 육성에 집중하던 무용교육에서 오늘날 우리 사회에서 수용되는 문화적인 의미를 갖는 무용으로의 전환과 실천은 무용교육에서 지니는 힘인 소통과 융합을 잘 활용하는 것에 있다. 그것은 이 시대의 변화 추세에 따라 문화예술의 대중화, 민주화에 어울리는 문화예술교육 프로그램으로 개발되어 성장기에 있는 아동과 청소년에게 필요한 사고력 확장 경험으로 중요한 역할을 하게 된다.

그 예로 2012년 하반기에 나온 한국문화예술교육진흥원의 청소년을 위한 돌봄 프로젝트 사업이 있다. 그 사업의 일환으로 시작된 특정 대상 청소년(성폭력피해청소년)을 위한 프로그램은 1개의 프로그램 안에 2개의 예술장르(무용, 애니메이션)가 융합되어 있다. 나는 이 프로그램을 개발하여 팀 티칭 교수법으로 3개월 동안 10차로 구성된 프로그램을 진행하였다.

학습 대상의 특성을 고려하여 비언어적이며 창의적인 신체 활동과 애니메이션 제작 활동으로 진행되었다. 자신의 몸짓이 미디어로 완성되어 감상하는 단계까지의 모든 과정이 교육의 효과와 결과를 이끌어내는 융

합 방식으로 구성된 예술치유 프로그램의 학습과정이었다. 무기력해져 있는 피해 청소년의 정적인 몸 활동에서 아날로그(몸-몸짓)와 애니메이션의 카메라 조작법을 익히는 디지털(미디어-애니메이션) 기계 조작의 동적인 활동이 함께 만나게끔 의도된 학습과정의 경험으로, 정서적 치유의 효과까지 이끌어낼 수 있도록 하였다.

참여한 청소년은 또래와 또래의 몸짓으로 서로 간의 소통은 물론 자신의 내면과도 소통할 수 있었다. 카메라 셔터와 호흡을 맞추어가며 오감을 여는 창작 몸짓 활동이 소통으로 이어지는 과정에서 유쾌함을 만끽하게 되는 융합 문화예술교육으로서, 예술 치유의 효과는 배가될 수 있었다. 구체적으로는 태도와 행동의 변화, 사고력의 성장과 자세의 개선을 이끌어내어 자립심을 기르는 교육적 효과를 기대하였다.

　이렇게 개발된 프로그램은 2013~2014년에도 지속되어 그 활용 대상 범위를 확대하여 일반 청소년의 방과후 프로그램에서도 30차 통합문화예술교육 프로그램 속에 20차 애니메이션과 타분야(타악기)에서 구현될 수 있는 몸짓의 융합 프로그램으로 개발되어 극장 무대에서 미디어 퍼포먼스로 관객과 소통하는 과정으로까지 발전하였다.

　인문학적 창의성과 상상력을 중요시하는 21세기 IT산업사회와 맞아떨어지는 융합교육은 우리의 문화예술교육의 현장에서 더욱 개발되고 보급되어 다양한 계층과 소통하면서 일상의 삶 속에서 활용되는 시대로 한 걸음 더 나아가야 하겠다.

_부산문화예술교육지원센터 웹진 Bean's Story 57호

제 4 장

공동체 춤으로서의 커뮤니티
-문화예술교육 프로그램 개발

연령, 나이, 신체조건, 인종, 종교 등을
막론하고 소통과 공감을 중시하는 공동체
춤으로 지역사회와 함께 소통하며 나누다.

공동체 춤으로서의 커뮤니티

20세기 춤이 페미니즘, 포스트모더니즘 그리고 실험적 접근으로써 타예술과의 접목하여 예술적 성장을 꾀하였다면, 21세기에는 정보화, 다원주의, 지역화와 같은 메카 트렌드가 소통의 축으로 확산되고 있다. 오늘의 춤은 공동체를 위하거나 대중을 위한 춤으로 과거의 전공자만을 위한 춤 개념과는 차별성을 가진다. 춤이 사회 속의 불특정 다수 혹은 특정 계층만이 아니라 일반인 누구나 주체가 되어 다양한 대상과 함께 생활과 밀접하게 소통하고 교감할 수 있도록 문화예술교육 프로그램은 더욱 개발되고 보급되어야 한다.

현재 부산 지역에서 진행 중에 있는 지역 특성화 문화예술교육 지원 사업의 목표를 살펴보면 "함께 만드는 문화 공동체", "문화 예술로 소통하는 지역 공동체"이다. 추진 방향을 좀 더 살펴보면 "일상 속 문화예술교육 프로그램 발굴", "지역 커뮤니티 활성화", "부산 전문 인력 양성"을 중점적으로 지향한다는 내용과 함께 지속 가능한 생활 밀착형 · 주민 참여 문화예술교육 프로그램을 추구하고 있다.

우리나라에서 문화예술교육이 2005년부터 정책적으로 본격 시행되어 지역에도 문화예술교육 지원 사업이 점차 모습을 드러내기 시작하였는데, 2010년 '우수 문화예술교육 지원 사업'과 2011년 현재의 '지역 특성화 지원 사업'으로 명칭이 바뀌기 전의 '지역사회 문화예술교육 활성화 지원 사업'에서 "참신한 문화예술교육 프로그램을 발굴 · 지원", "우수단체 집중 지원 콘텐츠 및 학습대상 발굴", "프로그램의 질적 역량 제고를 위한 지원 및 관리 강화" 등을 참고하여 살펴본바, 현재 추구하는 바는 크게 달라진 것이 없으나 "문화 공동체", "지역 공동체"가 단연 돋보인다.

문화예술교육에서 공동체를 강조하고 있는 것은 지금의 우리 사회가 안고 있는 소통의 부재, 공감의 부재, 돌봄의 부재를 극복하고 협동하는 사회로 화합하여 나아가기 위함이라고 할 수 있다. 많은 사회학자들은 '공동체'라는 말을 좁게는 마을이나 읍, 도시, 거대도시 지역이라는 의미부터 넓게는 국가사회에 이르기까지의 사회적이며 지역적인 조직체의 단위들을 가리키는 말로서 사용하고 있다.

그러나 문화예술교육에서의 공동체란 단순히 공간만을 의미하거나 단순한 사람들만의 모임을 의미하는 것이 아니다. 일정한 지역 안에서 공동의 문제, 아픔, 나이, 세대 등이 달라도 서로를 이해하고 나누는, 이해타산이 없는 순수한 집단으로 문화와 예술을 통해 일정한 규칙과 원칙을 가지고 지속적으로 소통하고 화합하는 지역사회 커뮤니티 형성을 소망하는 노력의 일환으로 구성된다. 우리나라의 탈춤, 굿, 남사당 놀이패의 연희, 농악, 강강술래 등은 우리 민족의 삶에 뿌리박혀 전승되어오고 있는 춤 공동체 의식 문화의 예들이다. 이러한 활동은 개인이나 몇몇이 모여 하던 것이 아니라 마을 사람 전체가 모여 하는 공동체 놀이였다. 이 놀이 과정에서 빠지지 않는 것이 곧 춤이었다.

문화예술교육은 예술교육을 중심으로 문화교육을 하자는 의미로 예술교육을 통해서 얻을 수 있는 창의성과 감수성을 중심으로 사회의 다양한 문화를 이해하고 수용하며 나아가 창조할 수 있는 문화교육을 하는 것이다.

기존의 예술을 창작하고 소비하기 위한 교육에 머무르지 않고 예술을 중심으로 하되 좁은 의미에만 갇히지 않음으로써 예술교육을 받은 사람들이 창조성과 감수성에 협동성과 수용성 등 문화교육의 효과를 더하는 교육을 하는 것이다. 이러한 문화예술교육을 통해 사회의 미래형 인재이자 건강한 사회 구성원을 양성하는 것을 궁극적인 목적으로 하고 있다.

이러한 목적을 달성하기 위해서는 프로그램의 지속적인 지원 체계나 독자적인 문화예술교육 프로그램 개발이 더 보충되어야 한다. 또한 지역사회 공동체의 문화 격차를 해소하고 문화 회복을 지향하는 문화예술 콘텐츠를 통해 예술가와 지역주민과의 소통을 통한 문화예술교육의 저변확대에 공공의 재원뿐만 아니라 민간 차원에서 예술교육가, 문화예술 기획자 등의 자발성과 독창성이 돋보이는 활동이 더 많이 요구된다.

최근 우리 사회 무용계의 트렌드로 자리 잡은 커뮤니티 댄스(Community Dance)는 그 활동의 영역이 확대되고 있다. '커뮤니티'는 "함께 나눈다" 또는 "공동체"로 번역하는데 대개 연구자들은 공동체를 어떤 지역이나 장소를 함께 공유하는 물리적 환경을 기반으로 지속적인 상호작용을 통해 친밀감, 소속감 등을 느끼며 행동이나 목적을 같이하는 집단이라고 정의하고 있다. 또한 치유의 힘을 가진 춤에 대한 몰입과 이해를 깊게 한다는 의미, 새로운 공동체를 창출한다는 의미, 한 번도 춤춰보지 않은 사람들을 새로운 세계로 이끈다는 의미에서 그리 새롭지 않은 그러나 새로운 방식의 개척이다. 공동체를 배경으로 미학적, 정치적, 사회적, 치유적, 교육적 특성을 가지고 조직된 공동체가 속한 사회·문화의 성격을 반영하기 때문에 하나로 정의 내리긴 쉽지 않다.

영국은 커뮤니티 댄스를 정책적으로 가장 먼저 지원하면서 지역사회의 교육적 기능을 강화하고자 하였는데, 그 목적은 연령, 신체조건, 성 정체성, 인종, 종교 등 복잡한 교류와 융화가 진행되는 사회에서 춤 활동을 통해 다양성을 인정하고 수평적 관계를 형성할 필요성을 인지시키는 것이다. 또한, 지역사회의 문제는 지역 환경에 따라 다르게 발생하며, 그 사회에 맞게 대처하고 해결해야 하는데, 소통과 공감을 중시하는 춤을 통해 다양한 해결방법을 찾을 수 있는 것이다. 영국 커뮤니티 댄스의 핵심은 사회문제 해결이나 사회 통합에 있다. '모두가 참여하는 춤 활동'을 지향하며 매우 광범위한 움직임과 스타일을 포함한다. 그리고 춤 활동을 통해 지역사회에 관심을 갖게 하고, 공동체의 문화적 다양성을 보호하고자 한다.

춤의 역사는 육체, 동작, 춤 사회와의 강력한 상호관계 등을 탐구하기 위한 수단으로서뿐만 아니라, 교육 영역에서는 인간 상호 간의 협동교육과정으로서, 대부분은 참여하는 동료들과의 관계 속에서 질서, 규칙 등을 전제로 한다. 참가한 사람들이 최상의 기능을 발휘할 수 있도록 서로를 존중하며, 자신이 맡은 책임에 최선을 다하게 된다. 신체 움직임을 통한 개인의 감정을 전달하기도 하며, 때로는 상대와의 공조체제 속에서 협동심을 발휘해야 할 때도 있다. 그리고 자신의 자아를 집단(공동체)에 통합시키고 동료들과 지적으로 협력하기 위해, 우선 스스로 통합에서 오는 안도감과 자기 가치를 느껴야만 한다. 자기 자신을 이해하는 것은 타인의 자아를 이해하는 기초가 된다. 또한 춤추는 사람들이 서로 밀접해 있다는 것은 가까이 있음으로서 느낄 수 있는 결속과 안전의 의미를 전달해준다. 학교생활은 집단으로 구성되어 있으며, 사회 활동 또한 집단이라는 무리 속에서 자신의 역할을 하는 것이다. 집단으로 이루어지는 춤은 집단의 소통을 활발하게 하여 개인을 집단 속으로 융화시키는 역할을 할 수 있다.

통합교과형 문화예술교육 프로그램 개발

아동의 창의성과 감성을 위한 신체표현활동

"몸 탄탄! 창의, 감성, 쑥! 쑥!"

 2012년 부산문화재단 우수문화예술교육 프로그램 개발 공모사업에 선정되
어 통합 교과형 문화예술교육 프로그램 개발 연구사례로서 부산 장서초등학교
3학년을 대상으로 20차 시행하여 개발되었다.

현재 초등학교에서 이루어지고 있는 문화예술교육은 기존 학교교육의 음악, 미술, 국어(문학), 체육(무용) 등의 기초예술교육이다 그중에서도 체육에서 표현활동은 어느 정도 이루어지고 있지만 양적으로나 질적으로 다양한 방법과 전문성을 지닌 교육 프로그램 개발은 시급한 실정이다. 더구나 타교과와 연계 학습이 가능한 프로그램은 더 많이 개발되어야 하는 실정이다. 특히 게임이나 공부에 의한 획일적인 사고와 자세에서 오는 신체적 부조화의 문제를 극복할 수 있도록 신체를 활용한 표현활동의 프로그램 개발이 시급하다. 초등학교 아동기부터 창의적 문제해결 능력과 유연한 사고력을 기르는 학습 경험 과정을 통해 아동의 정서를 안정시키고, 또래와의 갈등이나 사회적 문제 등과 관련한 예방 차원의 교육적 효과를 기대할 수 있어야 한다.

진정한 예술교육은 참된 예술을 판별할 수 있는 능력을 고양시킬 수 있어야 한다. 이러한 능력을 갖춘 예술가와 창의적 인재를 양성하기 위하여는 아동기에서부터 그 토대를 마련하는 교육이 되어야 한다. 뿐만 아니라 현재 이루어지고 있는 초등학교 체육교과 과정에서 작은 범위로 이루어지고 있는 표현활동을 보면, 부족한 부분을 다른 교과와 연계활동을 통하여 보충해야 할 필요성이 있다.

초등학교 아동의 몸짓표현 활동에 관한 교육은 아주 중요하다. 균형과 조화가 잘 이루어진 훌륭한 몸짓 표현활동은 아동 자신의 삶의 의미와 학습 경험을 살려 아름다움을 추구하는 동시에 다른 사람과 소통하는 언어적 기능을 통해 자신과 세계를 이해하는 철학적 기능을 가지게 되는 것이다. 동시에 몸짓표현 활동을 통해 건강한 체력을 길러 자신감을 키워주며, 감성과 이성의 조화로운 발달을 도모할 수 있다. 그리하여 적극적인 미적 체험과 창의적 표현 능력을 육성할 수 있다.

초등학교 아동의 자율성과 창의성을 키우며 동시에 감성이 풍부하게 성장할 수 있는 다양한 예술분야와 현재 진행되고 있는 교과연계 통합프로그램을 가능케 하여 초등학교에서 직접 활용 가능하고, 토요문화학교 등에서 활용할 수 있는 교사, 예술 강사 등이 현장에서 활용할 수 있는 문화예술교육 프로그램을 개발하는 것이 꼭 필요하다. 문화예술교육의 특성상 교과 간의 통합도 고려하였으며 동작 표현 움직임의 다양한 방법적 접근에서 타예술 분야와 연계하였다. 동시에 그 속에 사회, 과학, 국어, 수학, 바른생활, 체육 등과 같은 일반 교과의 효과를 볼 수 있음과 동시에 신체표현활동을 익힐 수 있도록 아래 표와 같이 5단원 구성과 학습목표를 정하였다.

〈표 5〉단원의 구성과 단원 학습 목표

단원명	학습목표
1. 움직임의 세계로	신체움직임에 대한 올바른 인지와 다양한 방법으로의 움직임을 찾아 학습한다.
2. 리듬에 맞춰	다양한 방향과 다양한 움직임, 다양한 리듬에 맞춰 신체를 강인하게 단련한다.
3. 표현의 즐거움을 찾아	다양한 표현 방법을 터득하는 과정이며 기억력, 관찰력, 상상력 등을 친구와의 협동을 통해 창의적인 풍부한 동작 구사 능력을 키운다
4. 도구와 하나가 되어	도구와 신체의 교감을 통해 정서적으로 안정감을 가질 수 있으며 동시에 적응력 향상과 인지 감각을 발달시킨다.
5. 예술가가 되어	다양한 이미지, 상징적 동작 등을 여러 교과와 도구, 매체들을 활용하는 창작 과정의 발표를 통해 풍부한 감성과 창의적인 사고력을 키운다.

(통합교과형 문화예술교육 프로그램 개발 연구. 부산문화재단 부산문화예술교육지원센터)

표현의 즐거움을 찾아 – 다양한 곤충의 특성을 표현하기

(관찰력과 상상력이 풍부해짐)

부산 장서초등학교

창의성과 인성을 함양하는 몸짓 표현활동 교육을 통하여 감성과 이성이 분리되지 않고 균형 잡힌 인간으로 성장하여 창의성과 인성 함양을 키워야 한다. 그리고 몸과 리듬, 색, 이미지, 다양한 사물과 교재 도구를 통한 다각적 인지 능력을 길러야 하고, 공간, 시간, 에너지 배분의 균형감을 통해 자신과 다른 사고와 행동을 이해하는 문화적 능력을 배양하여야 한다. 아동은 이러한 교육 과정을 경험함으로써 그 능력을 향상하는 계기를 얻을 수 있다. 감성을 연결하고 교합할 줄 아는 창조적 인간으로 성장하게 되는 몸짓 표현활동은 이처럼 매우 중요한 위치에 서 있다.

움직임의 세계로-접촉 놀이

(몸의 부위별 인지와 협응력 신장)

움직임의 세계로-조형적인 동작 표현

(몸의 다양한 각도와 색의 위치를 잘 활용하여 신체 확장 활동과 입체적 조형미 표현)

리듬에 맞춰-신체 단련을 위한 다양한 리듬에 맞춰 다양한 움직임 익히기

리듬과 신체 움직임의 조화로운 활동을 통해 성장기 아동의 신체 발육에 중점을 두었다. 공간 이동의 움직임이 중심이 되어 공간에서의 방향, 거리 조정력, 규칙(박자), 질서 등을 리듬을 타며 움직임으로 통합하여 스스로 터득하여가는 신체 활동을 통해 건강하고, 강인한 체력을 단련한다.

일상의 몸과 소통하기

도구와 하나가 되어

　도구와 신체의 교감을 통해 정서적으로 안정감을 가질 수 있으며 동시에 적응력 향상과 인지 감각을 발달시킨다.

예술가가 되어

　다양한 이미지, 상징적 동작 등을 여러 교과와 도구 매체를 활용하여 창작학습 과정을 통해 풍부한 감성과 창의적인 사고력을 신장시킨다.

2012 년 9 월 11 일 화 요일 날씨

제목 : 신체표현

오늘도 5교시에 강당에서 무용선생님과 함께 무용을
했다. 하지만 오늘은 달랐다 곤충을 몸으로 표현했다.
우리모둠은 집게벌레를 했다. 무릎으로 기고 손으로
집게모양을 표현했다. 너무 단순하다 내가 생각해도 그렇다.
하고 나니까 무릎도 많이 아프고 '망·쳤·다'
근데 1모둠의 잠자리, 3모둠의 개미시늉구리 정말 멋졌다.
나는 1,3모둠 뽑은 거 보고 어렵겠다라고 생각했는데...
어떻게 그런 생각을 했을까? 후회가 너무 된다(내가 단순한 거)
그리고 개미를 그렇게도 표현을 하다니 모두 창의력가 상상력이
풍부하다 만약에 내가 밑에 있고 김휘원이 내 위에
빤데도 올라타서... 이렇게 했다면 좋았을까? 아무튼
오늘이 제일 힘들었다

☆☆☆

그래도 너희들끼리
웃는거는 모습이 보기
좋았다. 힘내~
윤이 라이팅.

9월 4일 화요일

무용

오늘 무용선생님이 오셔서 무용을 했습니다.
왠지 기대가 되었습니다. 무용선생님께서
제일 먼저 신체부위에 대한 이름을 가르쳐
주셨습니다. 내가 잘 모르는 이름도 있었
는데 이번기회로 알게 된 것이 참 좋습니다.
다음으로 신체 부위 스트레칭? 같은 것을
했습니다. 머리 흔들기, 어깨 위아래로,
몸 흔들기, 허리 흔들기, 다리 흔들기, 팔 흔
들기를 했습니다. 몸 흔들기와, 허리 흔들기는
어떻게 다른지 잘 모르겠었습니다. 그래도
박자를 맞춰서 하니깐 재미 있었습니다.
다음으로 열중기 였는데, 완전 재미있었
습니다. 이수빈은 구르다가 옆으로 기울어서
애들이 웃겨했습니다. 멀리 뛰기는 팔
을 흔들어야 해서 너무 힘들었고, 달리기는 그냥
뭐 있습니다. 마지막으로는 다 합쳐서 하
는 경기였는데 내가 전우원에게 이겨서 너무
기뻤습니다.

또 하고 싶은 무용!!

푸르미와 어깨동무들의 지역사회 네트워크

푸르미들의 지역사회 네트워크

■ 추진 배경

○ 부산의 서구지역은 성매매 집창촌으로 오랫동안 타지역보다 사회적, 지
  역적 문제를 크게 안고 있어 서구청에서 큰 고민을 하고 있는 실정이다.
  그 틈바구니에서 가장 취약하다고 볼 수 있는 피해 여성 청소년들은 보호
  기관시설에서 검정고시를 대비하는 교육은 이루어지고 있지만 청소년기
  에 필요한 문화예술교육은 전무한 실정이다. 특히 이들은 불안정한 정서적
  측면에서 성장기에 꼭 필요한 심리안정, 인성변화, 행동수정 등의 신체적
  으로 발현하는 감성표현 활동이 전무한 사각지대에 소외된 계층으로 향유
  자 측면에서 지속적인 문화예술교육이 꼭 필요하다.

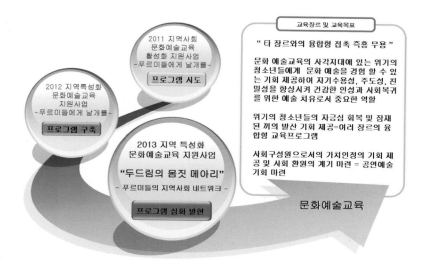

○ 2011-2012 "푸르미들에게 날개를 새로운 나를 찾는 접촉 동작의 춤"은 양질의 문화예술교육 프로그램을 적용함으로써 향유 주체자의 요구사항에 맞는 성매매피해로부터 받은 위기 청소년 마음의 상처를 치유하는 체험과정은 성매매피해 여성청소년들의 인성변화(예: 행동변화, 언어적 변화, 생활습관)와 자긍심 회복(예: 극장무대에서의 자율적 발표회)을 통한 자존감 향상을 효과적으로 개선, 증진시켜 정신과 마음, 행동의 변화를 재구성하는 중요한 매개체 역할로 인해 교육효과와 사업성과가 컸다. "2013 푸르미들의 지역사회 네트워크-두드림의 몸짓 메아리"는 그동안 축적 개발되어온 프로그램의 심화 발현 과정을 통해 부산지역 문화재 활용과 서구청이나 향유기관 측의 지속적인 사업으로 요구되어 지역사회 네트워크 차원에서 프로그램을 보완하고, 체계화시킬 각오로 한 단계 발전시켜 나아가기 위하여 추진하게 되었다. 특히 2013년 지역 특성화 사업에서 강조하고 있는 지역사회와 연계한 소통의 네트워크

로 발전시켜 주민지원센터, 법원, 경찰서, 서구청 등과 연계하여 청소년의 인권보호를 고려한 프로그램 측면의 특성 개발과 지역사회활동 측면을 고려하여 보다 효율성을 가지는 체계로 각 기관과 협력하여 그동안 축적 개발된 프로그램을 함께 나눔의 상호협력(예: 법원 강당에서 발표회 추진, 주민지원센터, 아미 그리스도 노인 정신요양병원 등에서 발표회 재공연) 과정 등을 바탕으로 청소년들의 사회적 문화예술공연을 통한 사회 환원의 과정은 자신 스스로의 사회적 가치를 점검하는 과정의 활동이 되어 자긍심과 지역사회 공동체의식을 고취시키는 결실을 가지게 될 것이다. 문화예술 향유자, 향유기관, 주관단체 그리고 지역 사회적으로 그 가치와 중요성이 부각될 점을 고려하여 지속적인 사업으로 요구되어 추진하게 되었다.

■ 사업 목표

○ 위기의 청소년인 성매매피해 여성청소년은 자신의 미래에 관한 고민과 성
매매피해로부터 받은 마음의 상처를 치유받아야 한다. 그리고 성매매의 재
발방지와 예방교육에 필요한 접촉 커뮤니티에 대한 올바른 이해와 인성변
화 차원에서 문화예술교육 프로그램의 학습경험은 꼭 필요하다. 2013 푸
르미들의 지역사회 네트워크 "두드림의 몸짓 메아리" 프로그램은 지역적
인 문화적 특성과 향유자 청소년의 특성을 고려한 비언어적이며 창의적인
신체표현활동으로 구성되어 있으며, 동시에 지역 내 지자체와 유기적 협력
관계 체계를 수립하여 지역 주민의 문화예술 향유의 기회를 제공하는 창의
적인 소통의 학습과정을 통해 성매매피해 청소년의 인지태도, 행동변화를
꾀하여 올바른 자세와 신체와 마음의 통합, 그리고 사회와 타인과의 커뮤니
티의 원활한 개선을 도와준다. 또한 청소년기에 잠재된 자신의 끼를 발견하
여 진로를 찾을 수 있는 교육적 치유의 기회를 제공받음으로써 자기 수용
성, 주도성, 친밀성 등을 향상시켜 자긍심을 회복하여 건강하게 지역사회로
복귀하는 데 중요한 역할을 하고자 하는 것이 본 사업의 목표이다.

■ 사업추진체계 및 설계도

■ 사업실행 및 설계

1. 2011년 부산의 지역적 특성에 의한 성매매피해 여성청소년의 신체표현 활동 문화예술교육이 절실한 상황이라는 사전 제의를 받았다.

2. 향유기관의 대표자와 면담을 통해 2012년 프로그램 교육과정에서 보완, 적용되어야 할 요구 사항들을 협의한 후 지속적인 지원이 절실히 요구되어 신청하였다.

3. 2차 선정 확정이 나면 홍보물을 제작하여 수업참여기관과 협력하여 참여 학생들에게 사전에 만나서 배포할 것이며 수업에 관한 간단한 오리엔테이션을 한다.

4. 강사역량강화프로그램 예비교육을 단계별로 협력하여 훈련하는 시간을 꾸준하게 가진다.

5. 검정고시 후 4월 11일부터 교육일정을 시작한다.

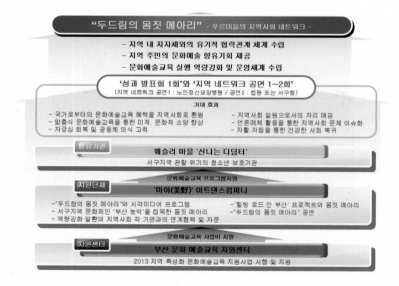

■ 사업 운영단계 1개 기관에 3시간 교육시간을 정하여 36차 운영한다.

• 단계별 교육방법 및 교육효과

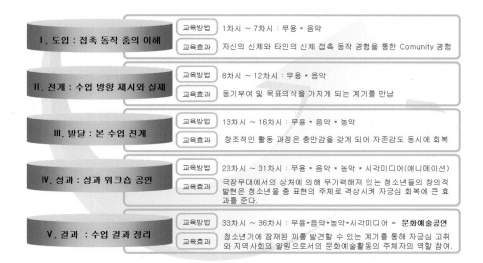

	교육방법	1차시 ~ 7차시 : 무용 * 음악
I . 도입 : 접촉 동작 춤의 이해	교육효과	자신의 신체와 타인의 신체 접촉 동작 경험을 통한 Comunity 경험
II . 전개 : 수업 방향 제시와 실제	교육방법	8차시 ~ 12차시 : 무용 * 음악
	교육효과	동기부여 및 목표의식을 가지게 되는 계기를 만남
III. 발달 : 본 수업 전개	교육방법	13차시 ~ 16차시 : 무용 * 음악 * 농악
	교육효과	창조적인 활동 과정은 충만감을 갖게 되어 자존감도 동시에 회복
IV. 성과 : 성과 워크숍 공연	교육방법	23차시 ~ 31차시 : 무용 * 음악 * 농악 * 시각미디어(애니메이션)
	교육효과	극장무대에서의 상처에 의해 무기력해져 있는 청소년들의 창의적 발현은 청소년을 춤 표현의 주체로 격상시켜 자긍심 회복에 큰 효과를 준다.
V . 결과 : 수업 결과 정리	교육방법	33차시 ~ 36차시 : 무용*음악*농악*시각미디어 = 문화예술공연
	교육효과	청소년기에 잠재된 끼를 발견할 수 있는 계기를 통해 자긍심 고취와 지역사회의 일원으로서의 문화예술활동의 주체자의 역할 참여.

○ 프로그램명 : **"두드림의 몸짓 메아리"**
　　　　　 - 푸르미들의 지역사회 네트워크

■ **사업개요**

- 교육목표 : 접촉 동작에 대한 올바른 이해와 인성변화를 위한 문화예술
  교육으로서의 창의적 신체표현활동은 자기수용성, 주도성, 친밀성을 향
  상시켜 건강하게 사회에 복귀하는 데 예술 치유로서 중요한 역할을 하고
  자 한다.
- 교육장르 : 타장르와의 융합형 접촉즉흥무용
- 교육강사 : 강미희(기획·주강사), 정진우(주강사), 김혁(시각미디어 주강사),
  문수경(음악 주강사), 김문준(사진기록), 권영규(영상기록)
- 학습대상 : 성매매피해 여성청소년
- 교육기간 : 2013년 4월 26일~12월 13일
- 교육장소 : 서구 웨슬리마을 신나는 디딤터 내 다목적실

■ **사업의 기대효과**

• 향유자 : 문화예술의 사각지대에 있는 소외된 푸르미 청소년들에게 창의
  적 신체표현활동의 문화예술교육의 학습 경험은 자아를 새롭게 인식하게
  되고, 올바른 자세와 잘못된 행동의 수정을 통한 자긍심 회복과 함께 자신
  의 문제 해결 능력을 향상시킨다. 불안한 청소년기에 잠재된 자신의 끼를
  발견하는 계기를 통하여 마음의 상처를 치유받아 건강한 모습으로 사회로
  돌아가는 문화예술교육 프로그램으로서 교육적 치유의 효과를 기대할 수
  있다.

• 지역사회 : 푸르미 청소년들의 특성에 맞게 개발된 문화예술교육 프로그램의 예술치유를 통해 지역 청소년의 문화 향유권을 신장시켜 건전한 사회의 저변 인식확대와 사회 각 기관과 연계하여 프로그램을 적용할 수 있는 공유의 기회를 갖는다.

• 향유기관 : 기관 내에서 검정고시 교육과 청소년의 일상생활을 관리하는 문화예술의 사각지대라고 볼 수 있는 보호기관 측은 문화예술교육 프로그램을 통해 지역사회와 협력관계를 가지며 청소년의 여가시간을 풍요롭게 만들고, 청소년의 정서, 행동, 잘못된 습관 등의 수정을 통하여 자긍심 회복과 일탈 행위 등을 예방하는 효과를 기대할 수 있다.

■ **프로그램의 세부 내용**

1. 교육도입단계-접촉 동작 춤의 이해와 실연과정(1~7차)
접촉이 뜻하는 '서로 닿음' 즉 상대의 존재를 인정하는 사회성과 상호협동을 통하여 더 좋은 것을 이루려는 조화성과 "춤이 저절로 일어나게 한다"라는 춤에 대한 이해 및 실연 과정
※ 교육효과 : 자신의 신체와 타인의 신체 접촉 동작 경험을 통한 커뮤니티 경험

2. 교육전개단계-수업방향 제시와 실연과정(8~12차)
   1) 긴장된 신체를 스트레칭과 호흡법으로 이완시켜주기
   2) 창의적 움직임을 통한 신체 감각 깨우기
   3) 함께하는 그룹 움직임
   4) 접촉 동작을 통한 친밀감 나누기
※ 교육효과 : 동기부여 및 참여자 목표의식을 가지게 되는 계기를 만남

3. 교육발달단계 1-접촉 동작과 리듬 표현의 다양한 실연과정(13~16차)

   1) 접촉 동작을 통한 자신과 타인 바라보기

   2) 리듬훈련을 통한 감정완화

   3) 접촉 그룹 활동의 조화와 협력하기

   4) 상호접촉을 통한 인격적 교류

   5) 음악의 접촉 표현 활동

※ 교육효과 : 창의적 신체표현 활동과 음악 활용을 통한 정신과 마음의 긴장이 해소되어 자신감 회복

4. 교육발달단계 2-접촉 동작의 다양한 실연과정(17~22차)

   1) 신체 펴기 호흡법을 통한 심신 이완

   2) 창의적 접촉 표현 활동과 리듬 이해

   3) 소그룹 표현 활동

   4) 음악과 춤 표현 활동

※ 교육효과 : 타장르와의 실험적인 활동과정으로 충만감을 갖게 되어 자존감도 동시에 회복

5. 교육성과단계-성과 발표회 공연(23~26차)

   신체 워크숍과 창작 춤을 겸한 극장무대 공연활동

※ 교육효과 : 청소년들을 춤 표현의 주체로 격상시켜 자신의 신체에 대한 새로운 가치관을 심어줌으로써 자긍심 회복

6. 교육결과단계-학습자 자체 평가를 통한 소통과 이완(26~36차)

　　1) 문화예술교육의 혜택을 지역사회로 환원 공연

　　2) 접촉 마사지 경험을 통한 휴식과 안정

　　3) 질문과 대화를 통해 공감의 시간 가지기

※ 교육효과 : 청소년기에 잠재된 끼를 발견할 수 있는 계기를 통해 자긍심 고취와 지역사회의 일원으로서의 문화예술 활동의 주체자로 역할 참여

7. 사업결과 정리단계

　　1) 수업진행 및 성과 발표회 사진과 영상물을 함께 감상하고, 참여 진행 및 후기에 관한 설문지를 통해 글쓰기와 대화하는 시간을 가진다.

　　2) 결과물 자료집을 완성하여 지역사회에 문화예술교육의 사례 자료집으로 제작하여 보급한다.

■ 현장학습

문화예술 작품에 대한 감상 능력을 키우고, 문화 시민으로 정서를 함양하는 기회를 가진다.

■ 결과 발표회

무대 현장의 조명과 더불어 교육을 통해 익힌 신체표현활동 워크숍과 창작활동 작품을 전문 극장 무대에서 진행하여 창조하는 예술적 경험의 기회를 가진다.

지역사회의 외로운 정신요양병원을 찾아 국가로부터의 문화예술교육 혜택을 지역사회에서의 창작표현활동으로 환원하여 사회적 일원이자 공동체 춤으로 주체적 긍지와 자긍심을 고취시킨다.

■ 강사 역량강화

– 활동목적 : 예술교육의 사각지대에 있는 성매매 여성 청소년들에 대한 인
  본적인 해석과 이해를 구하는 다양한 측면에서의 이론적 공부와 함께 생활
  과 문화를 접목한 창의적인 문화예술교육 실행을 통한 지역사회 저변 네트
  워크 활성화에 기여하고자 한다.
– 활동기간 : 2012년 4~11월(2주-1회 연구 활동 10차 운영)
– 활동내용 :
  1) 서적 탐색을 통한 여성 청소년의 특성과 정서적, 심리적 요인 분석(지
     적 장애, 발달장애 등)과 특강을 통한 전문지식탐구
  2) 춤 표현 동작 세미나 참석과 표현활동에 필요한 다양한 교육도구 개
     발 및 활용 연구
  3) 지역사회 각 기관과의 연계협력 자문 및 지역 탐방 활동
– 세부활동계획 : 1~10차 역량강화 활동

차시	활동주제	활동내용
1차	지역사회와의 네트워크	지역사회와의 소통에 관한 자문 및 기관 탐방을 통한 토론
2차	청소년 여성성의 이해	참고 문헌과 연구 서적 등을 통한 지식 탐구
3차	청소년의 정서 표현 이해	청소년의 정서 표현에 필요한 몸 활동의 프로그램 모색
5차	청소년 창의적 표현 탐색	청소년 특성에 맞는 창의적 표현 활동 프로그램 사례 고찰
6차	청소년 창의적 표현 실제	창의적 움직임의 표현 활동에 관한 강사 간의 교류 워크숍
7차	접촉 동작 프로그램 개발	접촉 즉흥을 참여 강사들이 실연해본 후 교육 방법 도출
8차	프로그램의 교육도구 개발	춤 움직임의 다양성에 적용할 교육도구 개발
9차	춤과 시각 미디어와 융ㆍ복합	춤과 시각 미디어와 융ㆍ복합 표현 활동에 관한 실제 연구
10차	특정 청소년 인권보호 자문	향유자 인권보호에서 협력 방안 자문 및 도움 요청

■ 프로그램 참여 청소년의 효과성과 만족도

1. 내가 즐거울 때 설문지를 통한 서로 알기

설문지 Ⅰ

1. 가장 좋아하는 음식
2. 가장 싫어하는 음식
3. 미래의 꿈?
4. 입고 싶은 옷의 종류
5. 가지고 싶은 물건
6. 지금 가장 가보고 싶은 곳은?
7. 내 몸 중 가장 자신 있는 부위
8. 나에게 소중한 것은?(물건 등)
9. 자신의 이름을 새로 만들어 봐요
10. 기억에 남는 사람?
11. 가장 아끼는 것은?(물건 등)
12. 잠들면 꿈을 꾼다?
13. 화장을 한다? 언제?
14. 지금 가장 만나고 싶은 사람은?
15. 자신이 고치고 싶은 습관?
16. 가장 기억에서 지우고 싶은 장소?

2. 내 몸과 대화하기 설문지를 통한 만족도 알아보기

설문지 2

1. 워킹 동작 수업을 통해 바른 자세로 걷는 방법을 잘 익혔나요? (예 / 아니오)
2. 스트레칭을 할 때 가장 하기 어렵고 힘든 신체 부위가 있나요? (있다 / 없다)
3. 가장 힘든 신체 부위는 어디인가요? (   )
4. 신체 접촉 동작을 할 때 가장 하기 싫은 신체 부위가 있는가요? (있다 / 없다)
5. 있다면 신체 부위 어딘가요? (   )
6. 수업 과정에서 서로 도와주는 친구가 있나요? (있다 / 없다)
7. 수업을 받는 과정은 즐거운가요? (예 / 아니오)
8. 수업 과정이 앞으로 자신에게 도움이 될 것이라 생각이 드나요? (예 / 아니오)
9. 수업 참여 후 취침 무렵 피로감을 느껴본 적이 있는가요? (예 / 아니오)
10. 수업에 참여하는 과정에서 떠오르는 사람이 있는가요? (예 / 아니오)

11. 교육도구를 활용할 때와 음악과 신체를 통한 동작 수업을 할 때
    어떤 수업을 더 좋아하는가요?
    도구 활용 수업(   ) 음악과 신체를 활용하는 동작 수업(   )

12. 수업에 참여하면서 자신의 마음과 신체가 바른 자세로 정돈되는 것   같다고 생각되는가요? (예 / 아니오)

3. 모든 학습이 끝난 후 자신의 마음과 신체 변화에 대한 후기 설문지를 통해 참여자 의견을 반영하여 프로그램 효과와 만족도에 관한 통계표를 구성한다.

설문지 3

1. 그동안 수업에 참여한 소감을 적어보세요.
2. 프로그램 중 가장 힘들었던 신체 부위 순서는? ① _____ ② _____ ③ _____ ④ _____ ⑤ _____
3. 프로그램 중 힘들었던 프로그램을 체크 해보세요 ① 신체 접촉 ② 워킹 ③ 리듬 훈련 ④ 통 보자기 ⑤ 짐 볼 ⑥ 미니 볼 ⑦ 창의적 신체표현놀이 ⑧ 마니피레이션(관절 펴기) ⑨ 힐링 스트레칭 ⑨ 힐링 스트레칭(탄력밴드) ⑨ 창의적 미술 접촉 ⑨ 다양한 음악의 이해 ⑨ 자율적 창작 댄스
4. 결과 발표회에 참여하기 위한 준비 과정 중 기억에 남는 일이 있는지요? 있다면 어떤 것인가요?
5. 결과 발표회를 마치고 느낀 소감을 말해보아요.
6. 수업을 통하여 얻어진 신체와 마음의 변화가 생겼나요? 어떤 변화인가요?
7. 내년에도 프로그램이 진행된다면 참여할 의사가 있는지요?

■ 참여후기

• 극장 무대에서 가진 결과 발표회를 마치고 느낀 소감은?
- 몸이 상쾌하고 개운했다.
- 재미있었다.
- 재밌고 새로운 경험을 하게 되어서 좋았다.
- 아이 컨택 했을 때 여러 친구들이랑 선생님들이랑 해서 너무 좋았다.

• 지역사회 네트워크 활동으로 노인 정신 요양원 방문 공연에서 느낀 소감은?
- 정말 좋았다.
- 틀려서 좀 아쉬웠지만 뿌듯했다.
- 처음에는 무서웠는데 좋은 경험이었다.
- 짱! 재밌었고 부뜻했고 또 이런 좋은 기회가 있었으면 좋겠다.
- 내 동작을 보고 박수를 치다니 놀라움도 있었다.

• 프로그램을 통해 얻게 된 변화는?
- 유연해진 것 같다.
- 재미있었다.
- 변화가 조금씩 있었다.
- 무용을 하면서 머리가 상쾌해지고 맑아진 것 같다.

(참여 후 설문지에서 발췌)

서구 노인 정신요양 병원에서 그동안 익힌 결과 발표
연장선에서의 찾아가는 지역사회 네트워크

　　문화예술교육의 사각지대에 있는 푸르미청소년의 결과 발표를 자체적 극장 무대에서 끝내지 않고 그녀들의 능동적이며 자발적인 요청으로 인근 마을 지역 정신요양병원을 찾아 노인 환자들 앞에서 그동안 익힌 몸동작 춤을 선보이며 사회적 일원으로서의 긍지감을 세우는 효과로 지역사회 네트워크 활성화의 무한한 가능성을 확인하는 기회를 맛보았으며 춤으로 공동체적 삶을 키워가는 과정으로 보람 있는 경험을 가지게 되는 계기가 되었다.

몸의 접촉 활동으로 미술과 융합 표현

  극장 무대 경험을 통한 창의성 발현은 몸과 마음의 상처에 의한 피해의식으로 마음과 몸이 위축되고 무기력해져 있는 푸르미청소년들을 춤의 주체로 격상시켜 자신의 몸에 대한 올바른 가치관을 세워줌으로써 자긍심을 갖게 되며 동시에 타인에 대한 배려와 사회성과 공동체 의식을 함께 키움으로써 건강하게 사회로 복귀할 수 있는 밑거름이 된다.

[아트테라피의 세계]
그림으로, 음악으로, 춤으로… 몸과 마음의 상처 아물게 한다

예술을 이용한 치유 프로그램은 갈수록 대상 범위를 넓히고 있다. 지난해 지역특성화
문화예술교육 지원 사업 '새로운 나를 찾는 접촉 동작의 춤'에 참가한 여성 청소년들의
춤 발표회(최혜규 기자. 미야(美野)아트댄스컴퍼니 제공)

바야흐로 힐링의 시대다. 아픈 몸과 마음을 치유하기 위해 누군가는 과학에 기대고, 누군가는 종교에 기댄다. 예술을 이용한 치유, 아트테라피는 또 하나의 방법이다. 현대인의 마음 건강에 관심을 기울이면서 갈수록 그 대상과 범위가 넓어지고 있는 아트테라피의 세계를 들여다보았다.

1960년대 일본에서 원시성과 내면의 세계를 강조하는 춤 부토를 배우고 돌아온 강 대표가 페미니즘 단체 회원들을 대상으로 자신을 알기 위한 춤 수업을 연 것이 시작이었다. 강 대표는 그동안 접촉 동작을 활용한 즉흥 춤 프로그램으로 성폭력, 가정폭력, 학교폭력 등의 피해자들은 물론, 보호관찰소에서 교육 명령을 받은 성폭력 가해 남성들까지 만났다. 상담 과정에서 대리 외상을 겪는 성폭력 상담사들을 위한 수업도 진행했다.

강 대표는 "접촉 동작 프로그램은 타인의 손을 잡는 것에서 시작한다"고 말했다. 2인 1조로 상대방의 손에 정수리, 코, 팔꿈치, 엉덩이, 배꼽을 갖다 대어 보면서 나조차 돌보지 않던 내 몸을 성찰하고, 상대도 나도 몸을 가진 한 인간이라는 사실을 인정하는 것에서 이미 치유가 시작된다는 얘기다. 지난해 성매매 피해 청소년을 대상으로 8개월 동안 진행한 '푸르미들에게 날개를' 프로그램도 마찬가지다. 첫 시간에 축 늘어져 똑바로 걷지도 못하던 아이들은 마지막 발표회에서는 무대에 올라 창작 춤을 선보였다. 강 대표는 올해는 이 춤을 가지고 노인요양병원 등을 찾아갈 계획을 가지고 있다.

『부산일보』 2013. 2. 22. 최혜규 기자

어깨동무들의 지역사회 네트워크

■ 추진배경

○ 부산의 사상구 모라 지역은 복지관 시설이 많이 배정되어 있는 지역에 비해 한부모 · 저소득층 가정의 아동 특성에 맞는 지속적이며 집중적인 예술교육은 아직은 미약한 실정으로 자문과 지역 탐방을 통해 사전 조사되었다. 특히 아동들은 학업을 마치고 집으로 귀가하여도 부모들이 일터에서 돌아오지 않아 지역아동센터에서 숙제를 하며 밤까지 머물다 귀가한다고 한다. 이러한 아동들은 무기력하여 성장기의 신체적 건강과 심리적으로 불안정감 등을 겪고 있다. 향유자 측면에서 지속적인 문화예술교육이 꼭 필요하다.

○ "2013 두드림의 몸짓 메아리—어깨동무들의 지역사회 네트워크"는 성장기 아동의 환경적, 정서적 측면을 고려한 프로그램의 특성 개발과 지역사회활동 측면을 고려하여 보다 효율성을 가지는 체계로 각 기관과 협력하고, 그동안 익힌 학습과정이 축적 개발되어 발현된 결과물 등을 지역사회와 공유한다.(예: 극장에서 경험하는 발표회, 주민지원센터, 우신노인정 등에서 발표회 재공연) 아동들의 문화예술 공연을 통한 사회 기부 환원의 체험과정은 자신 스스로의 사회적 가치를 점검하는 활동이 되어 자긍심과 공동체의식을 고취시키는 결실을 가지게 될 것이다. 문화예술 향유자, 향유기관, 주관단체 그리고 지역 사회적으로 그 가치와 중요성이 부각될 점을 고려하여 추진하게 되었다.

■ 사업목표

○ 지역사회의 한부모·저소득층 가정의 아동은 사회적 보호와 다양한 예술적 소양 경험을 쌓아야 한다. 그리고 아동기에 겪을 수 있는 학교폭력과 일탈행동 등의 예방교육에 필요한 문화예술교육 프로그램의 학습경험은 꼭 필요하다.

○ 2013 어깨동무들의 지역사회 네트워크 "두드림의 몸짓 메아리" 프로그램 개발을 통해 지역의 문화적 특성과 향유자 아동의 특성을 고려한 비언어적이며 창의적인 신체표현활동과 시각미디어 활동으로 융합 구성되어 아동의 감성과 창의성을 풍부하게 성장시키게 된다. 그리고 지역 내 지자체와의 유기적 협력 관계 체계를 수립하여 지역 주민과의 문화예술 향유기회를 제공하는 창의적인 소통의 학습과정을 통해 성장기 아동의 건강한 인지태도, 행동변화를 꾀하여 올바른 자세와 신체와 마음의 통합, 그리고 사회와 타인과의 커뮤니티의 원활한 개선을 도와주는 기대효과를 지닌다. 또한 아동기에 잠재된 자신의 끼를 발견하여 진로를 찾을 수 있는 교육적 치유의 기회를 제공받음으로써 자기 수용성, 주도성, 친밀성 등을 향상시켜 자긍심을 키워 건강하게 지역사회의 일원으로 성장하는 데 그 중요한 역할을 하고자 하는 것이 본 사업의 목표이다.

■ **교육프로그램**

○ 프로그램명 : **"두드림의 몸짓 메아리 – 어깨동무들의 지역사회 네트워크"**

- 교육목표 : 리드미컬 무용 실연과 시각미디어 융합 과정의 창의적 신체표현
  활동은 또래 간의 친밀감 유대가 약한 점을 협동창작 과정을 통해 결속력을
  강화시킴과 아울러 아동의 자율성과 표현력이 향상되어 창의성과 사회성
  을 키울 수 있다. 또한 성장기 아동의 건강한 감성과 내면의 풍부한 정서 함
  양은 지역사회의 취약계층을 건강한 문화시민으로 육성하는 중요한 역할을
  하고자 한다.
- 교육장르 : 리드미컬 무용과 시각 미디어의 융합
- 교육강사 : 강미희(기획 · 무용 주강사), 김혁(시각 미디어 주강사),
- 학습대상 : 한부모 · 저소득 · 수급권 가정 초등학생 4~6학년
- 교육기간 : 2013년 5월 27일~2013년 12월 13일
- 교육장소 : 모라 어깨동무 지역아동센터 프로그램실

■ **세부 교육 구성 내용**

1. 교육도입단계-자신의 신체 바로보기와 함께 시각화 이미지 실연과정(1-7차)
※ 교육효과 : 자신의 신체 표현을 통해 자신감 향상과 상상 스토리를 엮는
  과정의 시각 미디어화 동작 경험을 통한 커뮤니티 경험

2. 교육전개단계-수업방향 제시와 실연과정(8-12차)
  1) 긴장된 신체를 스트레칭과 호흡법으로 이완시켜주기
  2) 창의적 움직임을 통한 신체 감각 깨우기
  3) 함께하는 시각미디어 그룹 리드미컬 움직임 창작

4) 대그룹 리드미컬 춤을 통한 친밀감 나누기

※ 교육효과 : 동기부여 및 참여자 목표의식을 가지게 되는 계기를 만남

3. 교육발달단계 1-리듬 표현의 다양한 실연과정(13~16차)

1) 접촉 동작을 통한 자신과 타인 바라보기

2) 리듬훈련을 통한 감정완화

3) 다양한 음악과 창의적 동작 표현 활동의 조화와 협력하기

4) 상호 리드미컬 춤을 통한 인격적 교류

5) 음악적 리드미컬 춤 표현 활동

※ 교육효과 : 창의적 신체표현 활동과 음악 활용을 통한 정신과 마음의 긴장이 해소되어 자신감 회복

4. 교육발달단계 2-다양한 율동적 춤과 시각 미디어 조작 실연과정(17-22차)

1) 신체 펴기를 통한 호흡법을 통한 심신이완

2) 창의적 리드미컬 표현활동과 리듬 이해

3) 소그룹 표현 활동

4) 음악과 시각 미디어 춤 표현 활동

※ 교육효과 : 시각 미디어와의 실험적이며 창조적인 활동과정은 충만감을 갖게 되어 자존감도 동시에 성장

5. 교육성과단계-성과 발표회 공연(23~26차) 신체 워크숍과 창작 춤을 겸한 극장무대 공연활동

※ 교육효과 : 아동들을 춤 표현의 주체로 격상시켜 자신의 신체에 대한 새로운 가치관을 심어줌으로써 자긍심 회복과 자신들이 프로그램 과정에서 익히고 제작한 시각 미디어 영상을 상영, 감상하는 과정을 통해 미적 감수성을 신장

6. 교육결과 단계-학습자 자체 평가를 통한 소통과 이완(26~30차)

   1) 문화예술교육의 혜택을 지역사회로 환원하는 공연

   2) 접촉 마사지 경험을 통한 휴식과 안정

   3) 질문과 대화를 통해 공감의 시간 가지기

※ 교육효과 : 아동기에 잠재된 끼를 발견할 수 있는 계기를 통해 자긍심 고취와 지역사회의 일원으로서의 문화예술 활동의 주체자로 역할 참여

■ **기대효과**

• 국가로부터의 문화예술교육 혜택을 공연활동으로 지역사회로 환원

• 지역사회 일원으로서의 자리 매김

• 통합 맞춤식 문화예술교육을 통한 아동의 미적·문화적 소양 향상

• 언론매체 활용을 통한 아동의 건강한 성장기를 다질 수 있는 중요한 역할로서 교육적 기대 효과

• 문화예술교육 프로그램을 통한 자긍심 및 감성적, 문화 예술적 공감각 리더십 향상

• 지역사회 네트워크 활동을 통한 지역적 특성을 살피고, 일원으로서의 활약성 배양

138

애니메이션-우유팩과 동작 연출

애니메이션 군무 동작 연출

애니메이션 탄력 밴드 놀이

■ 결과 발표회

지역사회 네트워트 활동으로 모라복지관 아동들과 연합 발표를 공유했다.

삶을 꿈꾸는 몸 생명이 춤추는 마음 :
생명사랑의 지역사회 네트워크~

2014~2015 지역특성화 문화예술교육 지원 사업

　　본 사업은 2014년에 이어 2015년에도 연속 지원되어 운영되었다. "삶을 꿈꾸는 몸 생명이 춤추는 마음"은 생명 사랑과 몸과 마음의 통합을 필요로 하는 일반시민들의 문화예술교육을 향유코자 하는 참여자로 생명존중지도자, 생명의 전화 상담가, 일반 자원봉사자, 대학생 등 누구나 삶 속에서 자신의 몸에 귀 기

울일 수 있도록 프로그램을 구성 운영하여 생명의 전화 밤길걷기에 참여하여 지역사회 네트워크로 확대 발전시켜 시민과 공유하는 장을 만들었다.

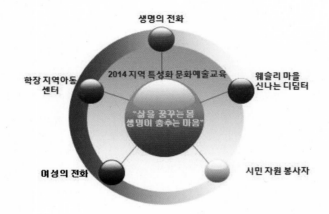

일상의 몸과 소통하기

■ 추진배경

우리나라는 OECD 국가 중 자살률 1위로서 매년 15,906명, 하루 44명, 33분에 1명꼴로 스스로 목숨을 끊고 있다. 특히 청소년 및 20, 30대 사망 원인 중 1위는 자살이며 부산은 우리나라 도시들 중 자살률 1, 2위를 다투고 있다. 자살시도자와 가정폭력, 성매매 청소년들은 보편적으로 가학적, 폭력적인 성향을 이것은 자신을 보고, 알아 달라는 메시지이다. 미야(美野)아트댄스컴퍼니는 이 대상들에게 "몸"에 대한 올바른 인지와 행동에 대해 창의적 몸짓표현, 타 장르와의 통합 문화예술교육을 통해 정신적, 심리적 안정을 찾아 자존감 회복과 사회공동체 생명 의식을 고취시키고자 한다. "2014년 삶을 꿈꾸는 몸 생명이 춤추는 마음"은 2011년부터 2013년까지 3년간 진행된 통합형 문화예술교육 "푸르미들에게 날개를", "두드림의 몸짓 메아리"를 통해 축적 개발되어온 프로그램을 새로운 향유자와 향유기관에 적용하고 일반시민들의 향유기회 확대를 위해 생명존중 지도자, 생명의 전화 상담사, 일반시민 자원 봉사자들을 고려한 대상자 중심의 교육 프로그램으로 구성하고 적용하여 개발한다. 향유자와 향유기관의 역량강화에 중점을 둠으로써 차후 위기에 이웃, 청소년들에게 양질의 문화예술교육이 전달될 수 있도록 하여 문화예술 향유자, 향유기관, 주관단체 그리고 지역사회에 그 가치와 중요성이 부가될 점을 고려하여 본 사업을 추진하게 되었다.

■ 사업 목표

○ 통합문화예술교육을 통한 생명의 전화 상담활동가와 일반시민이 함께 참여하여 신체표현활동의 커뮤니티 형성으로 문화예술 향유의 기회를 제공하여 지역사회의 네트워크 형성

○ 위기에 처한 이웃인 자살기도자, 가정, 성폭력 피해자들은 자신의 현재에 대한 좌절과 육체적, 심리적인 폭력으로부터 받은 마음의 상처를 치유받아야 한다. 이들의 목소리에 귀 기울이는 상담사들과 힘을 내게 해주는 사회복지사, 그들의 가족·친구가 되어주는 자원봉사자들은 자살 재발 방지와 예방 교육에 필요한 "몸"의 소중함과 올바른 이해를 도울 수 있는 육체적, 심리적 치유 차원에서의 문화예술교육 프로그램 학습 경험이 필요하다.

○ 2014 지역사회 네트워크 "삶을 꿈꾸는 몸 생명이 춤추는 마음" 프로그램 개발을 통해 2015년에도 지속적인 지역사회 네트워크 사업으로 사회적 이슈와 지역의 문화적 특성과 향유자의 특성을 고려한 비언어적이며 창의적인 신체표현활동 커뮤니티 형성으로 지역 내 지자체와의 유기적 협력관계 체계를 수립하고 지역 주민에게 문화예술 향유의 기회를 제공하여 창의적인 소통의 학습과정을 경험한 향유자의 인지태도와 행동변화를 꾀하여 올바른 자세를 가지고 신체와 마음을 통합하여 도움을 청하는 이웃들로 하여금 자존감 회복과 육체적, 심리적 충격을 체계적으로 완화, 치유하고 타인과의 원활한 커뮤니티 형성을 이룰 수 있도록 도와준다. 시민, 청소년들은 자신의 잠재된 끼를 발견하여 진로를 찾을 수 있는 교육적 치유의 기회를 동시에 제공받음으로써 자기 수용성, 주도성, 친밀성 등을 향상시켜 자긍심을 회복하여 건강하게 지역사회로 복귀하는 데 그 중요한 역할을 하고자 하는 것이 본 사업의 목표이다.

"삶을 꿈꾸는 몸 생명이 춤추는 마음"

- 지역교육 복지센터 프로그램 연계를 통한 체계화
- 지역의 교육복지 사업 활성화를 위한 지역네트워크
- 지역 주민의 문화예술 향유기회 제공

▶ 국가로부터의 문화예술교육 혜택을 지역사회로 환원

▶ 참여대상의 특성에 맞는 맞춤형 교육

▶ 지역사회와 전문기관이 함께하는 교육 공동체 구축

▶ 다양한 매체를 개발, 활용하여 사업의 취지와 성과에 대한 홍보

▶ 자활, 자립을 통한 건강한 사회복귀

학장지역 아동센터	웨슬리 마을 신나는 디딤 터	생명의 전화	여성의 전화	시민 자원봉사자

미야(美野)아트댄스컴퍼니

▶ 교육소외 상담활동가, 청소년의 자생력 신장 프로그램 개발·운영
▶ 지역교육복지센터 프로그램 운영연계를 통한 문화예술교육 활성화
▶ 생명의 전화 주관 "생명사랑 밤길걷기" 프로젝트와 네트워크 공연
▶ 교육사업 전담인력 역량 강화

부산 문화예술교육 지원센터
2014 지역 특성화 문화예술교육 지원 사업 시행 및 지원

　　상담활동가가 포함된 일반여성 대상 프로그램의 결과 발표에 사회적 이슈 예를 들면 자살예방 캠페인 부산 생명의 전화 밤길걷기에 참여하여 그동안 익힌 몸동작 춤으로 참여자가 주체가 되어 자발성과 공동체의 상호협력으로 지역의 문제에 함께 참여하여 시민과 가지는 몸 워크숍과의 주도적 참여 의식을 키우고 지역사회 생활 춤 활성화를 이끌어가는 공동체 춤 의식으로 성장한다.

삶을 꿈꾸는 몸 생명이 춤추는 마음
-생명의 전화 밤길 걷기 네트워크-

2014 지역사회 네트워크 생명의 전화-밤길걷기(야외 플래시몹-몸 워크숍, 센텀 APEC 나루공원)

2015 지역사회 네트워크 생명의 전화-밤길걷기(야외 플래시몹-몸 워크숍, 센텀 APEC 나루공원)

■ 사업 추진 성과

○ 자살방지 상담 자원 봉사자 활동가뿐만 아니라 일반 시민과 일반 대학생
   이 함께 공감할 수 있는 문화예술교육의 새로운 통합 문화예술교육 프로
   그램 모델 사례 제시
○ 지역사회 상담활동가들에게 문화예술교육의 향유 기회를 제공하여 건강
   한 사회 활동에 활용될 수 있도록 하였다.
○ 2015년 문화예술매개인력 양성 사업에 참여하고 있는 대학생을 위한 공개
   몸 워크숍을 진행하여 프로그램 알리기와 체험을 통한 새로운 인식을 가
   지게 되는 계기를 제공함과 아울러 결과 발표회를 많은 시민과 공유하고
   자 창의 감만촌 연습실에서 개최하여 참여자 전체 결과 정리 워크숍에 일
   반 시민을 공개 모집하여 그동안에 익힌 프로그램뿐만 아니라 소통과 관
   계에 대한 심도 있는 프로그램을 제공하여 프로그램의 질적 향상과 함께
   지역사회 일원들과 공감대를 이끌어내는 성과를 거두었다.

문화예술교육 매개인력 양성사업 내 창의적 몸짓 워크숍

■ **교육프로그램**

○ 프로그램명 : **"삶을 꿈꾸는 몸 생명이 춤추는 마음"**
　　　　　　 -생명 사랑의 지역사회 네트워크-

○ 교육장르 : 무용(현대무용의 접촉 즉흥 춤과 커뮤니티 댄스)

○ 교육목표 : "몸"에 대한 올바른 이해와 소중함을 인식하고 타인과의 교류
를 위한 접촉 즉흥을 경험하여 긍정적인 인성변화를 위한 통합문화 예술
교육의 효과로서 자기수용성, 주도성, 친밀성을 향상시키는 방법을 창의적
신체표현 활동을 통해 경험 발현함으로써 참여자들이 상담자들로 하여금
사회 활동에 활용하여 자존감 향상과 건강한 원동력을 부여하는 예술치유
로서 중요한 역할을 할 수 있도록 하고자 한다.

○ 교육일정 : 2015년 3~12월

○ 교육장소 : 부산생명의 전화 내 다목적실

○ 교육지역 : 부산광역시 부산진구

○ 교육강사 : 강미희(기획·주강사), 남선주(기록·보조강사), 박정윤(보조강
사), 김다영(보조강사)

○ 교육대상 : 생명존중지도자, 전화상담 자원봉사자, 시민 자원봉사자, 대학
생 자원봉사자

○ 교육내용 : 미술, 음악이 창의적 신체표현 활동과 통합된 프로그램을 통한
"몸"에 대한 인지발발과 건강증대, 인지태도와 행동의 변화를 꾀하여 심리
적 안정과 사회활동에 적극적으로 활용하여 자존감 향상 및 생활문화인으
로 거듭나는 지역사회 네트워크 강화

■ 모니터링 내용

- 내 몸에 집중할 수 있어서 좋다.
- 일하고 프로그램을 하러 올 때에는 꾀를 내고 오기 싫다가도 와서 하고 나면 그 기운이 일주일 간다. 그래서 안 올 수 없다.
- 잡생각을 못하게 되고, 오롯이 나에게 집중해 가벼워진 기분을 느낄 수 있다.
- 마음을 비우는 자세를 가지게 되었다.
- 보조강사님이 스트레칭으로 시작하여 적극적으로 자세를 봐주면서 참가자들과 소통한다.
- 주강사님이 프로그램 진행할 때 열의를 가지고 진행한다.
- 참가자들의 얼굴에 미소가 떠나지 않는다.
- 다들 즐거운 마음으로 프로그램에 참여한다.
- 이 프로그램은 스트레스 지수가 높은 직장인들이나 시민사회단체 활동가들이 함께 나누면 좀 더 자기의 몸에 대해 집중할 수 있어 건강 면에서도 아주 탁월한 프로그램인 것 같다.

모니터링 하는 내내 모든 참가자들과 강사분들의 밝은 모습을 보니 나 또한 마음이 밝아지고 즐거워지는 효과가 있었다.

부산문화재단 창의감만촌 연습실에서 결과 발표 및 시민워크숍

제4장 ● 공동체 춤으로서의 커뮤니티

■ 기존 프로그램과 차별화 요소

○ 순수한 몸 언어로 몸짓 커뮤니티 댄스와 상호 간의 협응 작업으로 공연화
될 수 있도록 발현하는 과정의 창의적 몸짓 체험 프로그램이다. 결과 발표
회 또한 예술 작품 공연과는 차별성을 가져 지속적인 프로그램의 연속성
을 띤 자율적 워크숍 발표 형식을 가지게 된다.
○ 연령과 성별 관계없이 누구나 생활 속의 삶을 창의적 소통 표현 방식의 몸
짓 창작 표현 활동으로 구현하여 발현 가능한 문화예술교육 프로그램의
특징을 가지고 있다.

부산 생명의 전화 내 다목적실

■ 결과 발표회

부산 Shin 극장

일반여성과 발달장애인 청년이
소통하는 몸의 기억 만들기

부산진구 여성의 전화, 수영구 보건소

2016 지역 특성화 문화예술교육 지원 사업

융·복합 문화예술교육을 통한 전문기관과 시민과의 지역사회 네트워크
" 소통하는 몸의 기억 만들기 "

■ 추진배경

○ 2016년 관계와 소통을 중요시하는 "소통하는 몸의 기억 만들기"는 2014년
부터 2015년까지 2년간 진행된 통합(미술, 음악, 몸짓) 문화예술교육 "삶을
꿈꾸는 몸 생명이 춤추는 마음"을 통해 축적 개발 되어온 프로그램을 일반
시민들의 향유기회 확대를 위해 부산진구 여성의 전화에 내담하는 지역주
민, 가정폭력, 성폭력 자원봉사 상담사, 일반시민들을 고려한 융·복합(문
학, 미술, 몸짓) 문화예술교육 프로그램을 운영하여 누구나 삶 속에서 자
신의 몸에 집중하고 귀 기울일 수 있도록 프로그램을 구성 개발한다. 아울
러 수영구 보건소에 발달장애인 청년을 위한 창의 몸짓 프로그램을 추가
로 운영하여 지역사회 문화예술교육 활성화에 협력함으로써 향유자와 향
유기관, 역량강화에 중점을 둠으로써 차후 위기에 있는 이웃, 청소년들에
게 양질의 문화예술교육이 전달될 수 있도록 하여 문화예술 향유자, 향유
기관, 주관단체 그리고 지역사회에 그 가치와 중요성이 부각될 점을 고려
하여 본 사업을 추진하게 되었다.

■ **사업목표**

○ 2016 지역사회 네트워크 "소통하는 몸의 기억 만들기" 프로그램 개발을 통해 사회적 이슈와 지역의 문화적 특성과 향유자의 특성을 고려한 비언어적이며 창의적인 신체표현활동 커뮤니티 형성으로 지역 내 지자체와의 유기적 협력관계 체계를 수립하고 지역 주민에게 문화예술 향유의 기회를 제공하여 창의적인 소통의 학습과정을 경험한 향유자의 인지태도와 행동 변화를 꾀하여 올바른 자세를 가지고 신체와 마음을 통합하여 도움을 청하는 이웃들로 하여금 자존감 회복과 육체적, 심리적 충격을 체계적으로 완화, 치유하고 타인과의 원활한 커뮤니티 형성을 이루도록 도와줄 수 있도록 한다.

○ 미야(美野)아트댄스컴퍼니는 관계와 소통을 중요시하는 "몸"에 대한 올바른 인지와 행동을 재점검할 수 있도록 자신의 삶의 이야기를 스토리텔링하여 창의적 몸짓표현과 융합하고 그것을 바탕으로 한 그림으로 표현하는 융·복합 문화예술교육의 경험으로 정신적, 심리적 안정을 찾도록 하여 생활 속에서 자존감 회복과 사회 공동체 의식과 미적 소양을 고취시키고자 한다.

■ 사업추진체계

○ 참여자 모집방법
- 관계기관의 협력을 받아 가정폭력, 성폭력 상담활동가, 주민여성 동아리, 발달장애인 청년(24명)을 사전에 모집한다.
○ 사업 운영단계
- 모집과 동시에 바로 4월부터 교육일정을 시작한다.
- 2개의 프로그램을 일반여성은 30차 1회 3시간, 발달장애인 청년은 20차 1회 3시간으로 교육시간을 정하여 운영한다.
- 프로그램 진행 중 공개수업, 현장학습, 네트워크 플래시몹 등의 일정에 따라 참여자 사전 안내를 통해 무리 없는 협력 구축망을 구성한다.

■ 결과 발표회

부산문화재단 창의 감만촌 연습실

부산 수영구 보건소 대회의실

일상의 몸과 소통하기

■ **교육프로그램**

○ 프로그램명 : "소통하는 몸의 기억 만들기"

○ 교육목표 : "몸"에 대한 올바른 이해와 소중함을 인식하고 타인과의 교류를 위한 접촉즉흥을 경험하여 긍정적인 인성변화를 위한 융복합 문화예술 교육의 효과로서 자기수용성, 주도성, 친밀성을 향상시키는 방법을 창의적 표현 활동을 통해 경험 발현함으로써 참여자들로 하여금 사회 활동에 활용하며 자존감 향상과 건강한 원동력을 부여하는 예술 치유로서 중요한 역할을 할 수 있도록 한다.

○ 교육장르 : 융복합 예술(현대무용의 접촉 즉흥 춤과 커뮤니티 댄스+문학+미술)

○ 교육강사 : 강미희(기획ㆍ몸짓 주강사), 남선주(명상, 스트레칭), 이미옥(문학 주 강사), 서강조(미술 주강사), 김다영(기록ㆍ보조강사)

○ 학습대상 : 가정폭력, 성폭력 자원 상담봉사자, 부산지역 내 주민여성, 발달장애인 청년

○ 교육기간 : 2016년 4월 ~ 11월

○ 교육장소 : 부산진구 여성의 전화 내 교육실, 수영구 보건소 대회의실

■ 모니터링 내용

- 수강생 가운데 일부는 이러한 프로그램에 3년째 참여하는 등 매우 열성적
  이었으며, 일반적인 건강 프로그램과 차별화된다는 점에서 만족도 또한 꽤
  높은 편이었다.
- 수강생들은 해당 지역에 이러한 문화예술교육을 지속적으로 운영할 수 있
  는 공간과 예산 지원이 있었으면 하는 바람을 지니고 있었다.
- 현재 참여하고 있는 수강생 수는 11명이다. 강미희 대표는 원래 20명 정원
  으로 이 프로그램을 운영할 계획을 수립하였기 때문에, 수영구 보건소에서
  수영구 거주 발달장애를 가진 청년 14명을 대상으로 동일한 프로그램을 별
  도로 운영할 계획을 가지고 있었다. 그러나 이는 향유기관의 장소가 10명
  을 수용할 수밖에 없는 여건이기 때문에 수강생 수에 구애받지 않고 현재
  진행하고 있는 프로그램에 집중할 수 있도록 재단의 지원 및 여건 마련이
  필요하다.
- 신체활동과 문학, 미술, 무용 영역과의 관계성에 주목할 것을 강조하였다.
  이를 통해 신체 활동이 단순한 몸짓에 머물지 않고 창의적 예술 활동이자
  치유 활동이라는 점을 학습자들에게 충분히 교육할 필요가 있다.
- 예산 확보가 관건이기는 하지만, 이러한 프로그램이 지역커뮤니티와의 연
  계를 통해 지속적으로 운영된다면 지역주민들의 호응과 더불어 충분히 지
  역에 안착할 수 있으리라고 본다.

일상의 몸과 소통하기

부산 수영구 보건소 대회의실

방과후 청소년 문화예술교육 프로그램

2013 · 2014 범부처 협력
방과후 청소년 문화예술교육 지원 프로그램 "상상학교"

"어 화 둥 둥 !
몸짓 애니메이션으로 소통하기"
2013

문화체육관광부와 여성가족부의 지원으로 한국문화예술교육진흥원이 주관한, 2013년 "어 화 둥 둥 ! 몸짓 애니메이션으로 소통하기"에 이어 2014년에는 "굿 났다 굿" 부산 공연을 목표로 진행되었다. 총 120차 운영으로, 순수한 몸 언어로 즉흥작 몸짓과 애니메이션의 융합을 통해 상호 간의 협업 작업으로 공연될 수 있도록 제작하는 통합과정의 체험 프로그램이다. 방과 후의 청소년 정서 순환을 돕는 활동성과 일탈의 유쾌함을 건전한 전통 모듬북 장단의 익힘 과정, 그리고 뮤지컬에서 빠질 수 없는 춤을 더 살려 노래가 없는 수화와 같은 몸짓을 첨가한 창작 댄스로 지역시민과 소통을 시도하여 새로운 공연 모델 사례의 측면에서 타 교육 프로그램과 다른 특징을 가지게 된다.

부산 사상구 다누림 홀

결과 발표회 포스터

■ 참여 동기 및 프로그램 필요성

○ 학교에서 입시위주의 교육문화에 의해 예술교육의 사각지대에 있는 청소
년의 특성에 맞게 개발한 전통문화와 현대문화의 예술장르가 통합되어 있
는 "어 화 둥 둥! 몸짓 애니메이션으로 소통하기"는 성장기 청소년의 감성
과 인성 그리고 리더십 개발 측면에서 중요하게 필요하다. 특히 창의성 개
발과 함께 성과 발표회를 통한 사회 환원의 공연기부 활동 과정은 사회의
일원으로서 자리매김하는 계기를 통해 자긍심 향상과 공감각 리더십을 향
상시켜 건전한 청소년기를 보낼 수 있다. 그리고 문화예술교육의 체험과정
에서 익힌 자기표현법과 자존감을 효과적으로 개선, 증진시켜 정신과 감
정, 행동의 통합을 이끌어내는 중요한 매개체 역할을 함으로써 심리안정,
인성변화, 행동개선, 타인(또래)에 대한 수용에서의 긍정적 마음 자세를 배
양할 수 있는 문화예술교육의 장으로서 꼭 필요다고 생각되어 건전한 청
소년 문화예술교육의 사회적 공감대를 이끌어내고자 본 사업을 추진하게
되었다.

○ 오늘날 다양한 환경의 가정에서 사회적 정서적 불안정한 성장기를 겪고
있는 청소년들에게 "어 화 둥 둥! 몸짓 애니메이션으로 소통하기" 프로그
램은 나와 타인(또래)의 문화 감성 소통의 기회를 제공받아 그동안 입시위
주의 주입식 교육에서 결핍되어온 창의성 및 건전한 인성 교육의 함양을
배양하는 계기를 마련하게 된다.

■ **지원 사업 달성목표**

○ "어 화 둥 둥 ! 몸짓 애니메이션으로 소통하기" 문화예술교육 프로그램을 통해 청소년들의 문화향수권을 신장시킴과 아울러 타인(또래)과의 건전한 정서적 교감과 표현의 자율성을 향상시켜가는 프로그램의 역할 수행 과정에서 공감각적 리더십을 배양하고, 고취시킬 수 있다.

○ 국가로부터의 문화예술교육 혜택을 무대 창작 표현 활동으로 지역사회에 환원하여 사회적 일원으로서 주체적 긍지와 자긍심을 고취시키는 기회를 가진다.

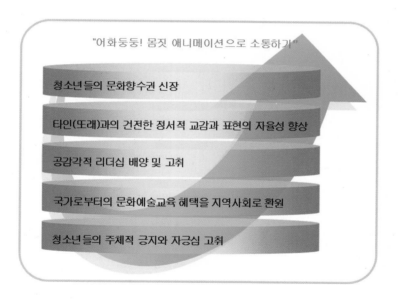

■ 계획 내용

- 1차적 향유의 소통의 계기 : 매칭기관 시설을 효율적으로 활용하여 공연 장으로 전환하여 지역 주민과의 성과물을 공유하는 소통의 장을 펼친다.
- 2차적 향유의 소통의 계기 : 사회의 공공기관을 섭외하여 교육프로그램의 결과물을 공연화하고 상영하여 소통의 장을 펼친다.
- 3차적 향유의 소통의 계기 : 극장무대와 전시가 가능한 공공문화예술기관 을 임차하여 "전통문화(모듬북)와 즉흥몸짓으로 발현된 창작 공연과 소통 의 애니메이션, 그리고 통합과정의 결과물인 입체공예 작품 전시"를 일반 시민과 공유하는 장을 펼친다.

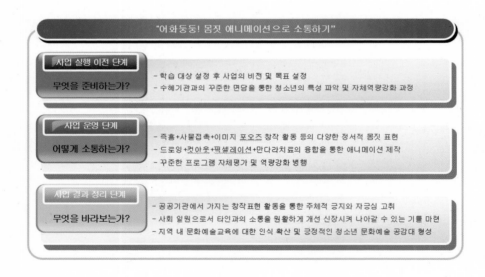

무용 프로그램 수업

애니메이션 프로그램 수업

모둠 북 프로그램 수업

뮤지컬 프로그램 수업

프로그램 참가자들이 만든 사업내용 현수막

　　각 수련관 참여 청소년의 정서와 적응도 등을 고려하여 예술장르 회기 배치
를 자유롭게 조율하며 진행하였다. 각 수련관에 30차 통합 프로그램 운영을 통
해 완성도 있는 결과 발표회를 효율적으로 운영 진행하였다.

일상의 몸과 소통하기

감성적 소통을 꿈꾸며
"굿 났다. 굿!"
2014

우리나라 고유의 종합예술인 굿을 이 시대에 맞는 청소년 축제로 재현

■ **사업목표**

○ 학교에서 입시위주의 교육문화에 의해 예술교육의 사각지대에 있는 청소년의 특성에 맞게 개발한 전통문화와 현대문화의 예술장르가 통합되어 있는 "굿 났다. 굿!"은 성장기 청소년의 감성과 인성 그리고 리더십 개발 측면에서 꼭 필요하다. 특히 창의성 개발과 함께 성과 발표회를 통한 사회 환원의 공연기부 활동 과정은 사회의 일원으로서 자리매김하는 계기를 만들어 자긍심 향상과 공감각 리더십을 향상시켜 건전한 청소년기를 보낼 수 있게 한다. 그리고 문화예술교육의 체험과정에서 익힌 자기표현법과 자존감을 효과적으로 개선, 증진시켜 정신과 감정, 행동의 통합을 이끌어내는 중요한 매개체 역할을 함으로써 심리안정, 인성변화, 행동개선, 타인(또래)에 대한 수용에서의 긍정적 마음 자세를 배양할 수 있는 문화예술교육 장으로서 꼭 필요다고 생각되어 건전한 청소년 문화예술교육의 사회적 공감대를 이끌어내는 것이 목표이다.

■ 달성목표

○ 청소년들의 문화향수권을 신장시킴과 아울러 타인(또래)과의 건전한 정
   서적 교감과 표현의 자율성을 향상시켜가는 프로그램의 역할 수행 과정에
   서 공감각적 리더십을 배양하며 고취시킨다.
○ 국가로부터의 문화예술교육 혜택을 무대 창작 표현 활동으로 지역사
   회에 환원하여 사회적 일원으로서 주체적 긍지와 자긍심을 고취시키는
   기회를 마련한다.
○ 청소년 문화예술교육의 새로운 통합문화예술교육 프로그램 모델을 제시
   한다.
○ 서로 다른 지역 간의 참여청소년의 연합 창작통합공연 결과를 실현한다.

■ 교육주요내용

"굿 났다. 굿!"은 현대무용의 즉흥 춤과 전통 모듬북 외의 다양한 타악을 접
목한 자유로운 몸짓 창작 활동과 애니메이션의 측면에서는 만다라로 표현된
컷-아웃 애니메이션, 오브젝트 애니메이션, 샌드 애니메이션, 신체로 표현하는
픽셀레이션 기법 그리고 뮤지컬 댄스를 접목하여 청소년들의 감성과 창의적인
몸짓 표현을 통합 이미지화하여 애니메이션으로 구현하여 함께 감상하고, 공공
기관에서 시민과 함께 소통하는 발표회를 가진다.

'굿 났다. 굿'
[달성 목표]

청소년들의 문화향수권 신장 및 공감각적 리더십 고취	문화예술교육 혜택을 창작표현 활동을 통하여 지역사회에 환원=주체적 자긍심 고취
새로운 문화예술교육 프로그램 모델 제시	청소년의 연합공연 결과 실현

■ **교육 프로그램의 차별성**

　순수한 몸 언어로 즉흥 창작 몸짓과 애니메이션의 융합을 통해 상호 간의 협응 작업으로 공연 될 수 있도록 제작하는 통합과정의 체험 프로그램이다. 방과 후의 청소년 정서 순환을 돕는 활동성과 일탈의 유쾌함을 건전한 전통 모듬북(소고춤) 장단의 익힘 과정, 그리고 뮤지컬에서 빠질 수 없는 춤을 더 살려 노래가 없는 수화와 같은 몸짓을 첨가한 창작 뮤지컬 댄스로 지역시민과 소통을 시도하여 새로운 공연화 모델 사례의 측면에서 타 공연과 다른 특징을 가지게 된다.

■ 교육적 기대효과

- 문화예술교육의 혜택 지역사회 시민에게 환원
- 통합 예술 작품의 감상 기회 제공
- 청소년의 미적, 문화적 소양 향상의 기회 제공
- 성장기 청소년의 감성 교육적 기대
- 통합 예술교육을 통한 자긍심 및 감성적 성장 기여
- 문화예술교육을 통한 공감각적 리더십 배양

기대효과

■ 사업추진일정

사업추진일정

3월	학습자 특성에 맞는 프로그램의 전략
3월	참여자 확인과 교육장소 점검
4월	프로그램 전개 설문지 작성과 각 지역 기관 참여 청소년 개성 찾기
5월	프로그램의 적응도 점검
6월	결과발표회를 대비하여 집중반 편성과 점검 및 일정표 안내
7월	각 기관측의 운영 일정 안내 및 강사배치 및 중간 점검
8월	참여자 반응과 출결 상황
9월	결과발표회 프로그램 안내
10월	결과발표회 프로그램 총 진행
11월	결과발표회 평가표 개발 적용
12월	사업결과 정산에 필요한 모든 서류 점검

■ 수혜시설 현황 정보

순번	광역	시설명	지원 분야
1	부산광역시 금정구	금정청소년수련관	통합프로그램
2	부산광역시 해운대구	해운대청소년수련관	통합프로그램
3	부산광역시 서구	구덕청소년수련관	통합프로그램
4	부산광역시 연제구	양정청소년수련관	통합프로그램

■ 중장기 운영계획

- 각 기관 결과 동향 파악을 통한 자체 공연화 전략에 따른 지역사회와 네트 워크 공연화
- 책임강사와 주강사, 보조강사 사전 사업이해와 전문성 역량강화
- 전통과 현대의 융합예술교육 프로그램 개발과 향유기회 확대
- 사업 전 동기부여 프로그램 준비와 사업 후 결과에 따른 지역사회 확대 활용 가능성 타진 후 추진
- 지방 문화 소외지역의 공연화 사업 확대
- 사업 수혜지역 기관과의 지속적 교류를 통한 필요 요건 점검
- 지역 홍보연계망 체계 확립

■ 사업관리계획

○ 사업 운영 체계 및 구조

- 문화예술교육 프로그램 '굿 났다. 굿'을 수혜기관인 구덕/금정/양정/해운
대 청소년수련관과의 수업일자 협의를 통해 프로그램을 진행한다.

- 사업 운영기관인 미야(美野)아트댄스컴퍼니는 프로그램과 강사를 파견하
고 수업을 통하여 얻어진 결과물들을 취합한 후 4개 기관 수혜 청소년들
의 통합 수업을 진행한다. 이러한 과정을 통하여 각 기관의 수혜 청소년들
의 특성을 파악하고 좀 더 심도 있는 프로그램을 진행하여 결과물을 도출
한다.

- 사업운영기관인 미야(美野)아트댄스컴퍼니와 사업 수혜기관인 구덕/금정/
양정/해운대 청소년수련관 관계자들은 '굿 났다. 굿' 결과 발표회를 위한
기관 간 통합 수업을 협의하여 진행한다.

- 이렇게 진행된 사업은 결과 발표회를 통하여 새로운 문화예술교육의 지역
사회로의 환원, 청소년 수련관 간의 협력 체제 구축의 새로운 통합 모델을
구축하고, 효과 있는 성과물로서 결과 발표회 프로그램을 통한 청소년의
자긍심 고취 및 새로운 문화예술교육 기회를 지역사회와 함께 공유하는 기
회를 제공하게 될 것이다.

2014 부처 간 협력 문화예술교육
'굿 났다. 굿' 결과 발표회

- 새로운 문화예술교육 공연을 통한 지역사회 환원
- 수련관 협력 체제구축의 새로운 모델 제시
- 청소년 자긍심 고취 및 새로운 문화예술교육 제공

사업운영기관

미야아트댄스컴퍼니
: '굿 났다. 굿' 프로그램
사업 운영 및 결과물 통합

프로그램 및
강사 파견

수업참여 및
자료 제공

수혜기관 및 대상

| 구덕청소년수련관 참여 희망 청소년 | 금정청소년수련관 참여 희망 청소년 | 양정청소년수련관 참여 희망 청소년 | 해운대청소년수련관 참여 희망 청소년 |

○ 통합 프로그램 운영 계획

– 연합캠프 등 시설 간 교류 프로그램 운영계획

각 기관의 프로그램 참여 청소년의 학교 교육과의 조율을 위하여 하계 방학 중 프로그램 심화 및 연합 프로그램을 진행한다.

하계 연합 프로그램은 시설 간 운영 장소의 조율과 통합을 통해 진행한다.

하계연합캠프를 통해 수혜 청소년들은 타기관의 청소년들과 교류하며 자신들의 프로그램에 대하여 전체적인 내용을 인지하게 될 것이다.

3월 중순 ~ 7월 중순 : 각 기관별 특성에 맞는 프로그램 진행

7월 하순 ~ 8월 말 : 하계 방학 기간 중 4개 기관 연합 프로그램 진행

9월 초 ~ 10월 중순 : 각 기관별 진행 및 통합 프로그램 진행

10월 말 ~ 12월 : 결과 발표회 / 사업 결과 보고서 제출 및 사업 종료

일상의 몸과 소통하기

■ 공연시나리오 세부내용 소개

공연 제목	" 굿 났다. 굿! "
공연 내용	공공문화예술기관을 임차하여 전통문화와 즉흥몸짓으로 발현된 통합과정 공연과 소통의 애니메이션 통합과정의 결과를 가족이나 일반시민과 공유하는 소통의 장을 펼친다. 감성적 소통을 꿈꾸며 전통문화와 현대문화가 통합되어 있는 청소년 방과후 상상학교는 현대무용의 즉흥춤과 전통 모듬북을 접목! 자유로운 몸짓 퍼포먼스 즉흥창작 몸짓활동과 컬댄스의 접목! 청소년들의 감성과 창의적인 몸짓과 춤을 모듬북과 애니메이션으로 통합 구현하여 지역시민과 함께 공감의 장을 이끌어낸다.
공 연 명	" 굿 났다. 굿! "
주 최	문화체육관광부, 여성가족부
주 관	한국문화예술교육진흥원, 한국청소년활동진흥원, 미야(美野)아트댄스컴퍼니
협 조	구덕청소년수련관 / 금정청소년수련관 / 양정청소년수련관 / 해운대청소년수련관
공연시간	본 공연 1시간 이상
장소	부산 사상구 다누림홀

■ 공연 현수막 및 포스터

일상의 몸과 소통하기

■ 공연 결과 사진(다누림홀 공연)

■ 자체 평가

1. 잘된 점
- 청소년 문화예술교육의 새로운 통합 프로그램 모델 제시
- 고급 문화예술교육의 향유 기회 제공
- 지역 내 각 수련원 간의 연계 구조 마련
- 청소년 문화예술 공연 기회 제공 및 프로그램의 질적 향상
- 사회 환원 공연을 통한 지역사회 네트워크 기회 공유
- 서로 다른 지역의 참여 청소년과의 연합 창작 공연 실현

2. 부족한 점
- 프로그램 운영단체와 수혜기관 그리고 참여 청소년과의 지속적 참여 관리에 필요한 적절한 방법과 구심점 찾기가 더욱 필요함
- 프로그램에 대한 수련관 측의 이해도가 낮았음
- 사업성과 발전을 위한 다양한 지역 내 관계 기관과의 연계 구조의 필요성을 느낌
- 지역 언론홍보에 있어서 노력하였으나 청소년 문화 활동에 관한 언론의 편견에다른 차원의 대안이 필요함

■ 프로그램 운영 계획 대비 개선 사항

1. 개선안

• 수혜기관의 사정에 의한 교육일정 조율이 복잡해 교육진행과 일정계획을
진행하기에 어려움을 겪음

• 방학기간 중 1회 참여 청소년과 기관 담당자 및 학부모의 워크숍을 진행
하여 보다 원만하고 효과적으로 운영하여 향후 진행될 공연 준비에 필요
한 유대관계 강화 필요

2. 요청사항

• 사업의 구성과 설계의 일정이 보다 앞당겨 진행되어 준비하는 기간의 여
유가 필요함

• 공연에 필요한 전문(조명, 음악 등) 인건비가 더욱 필요함

• 수혜기관의 예산품목에서 어떤 것을 협력할 수 있는지 품목설정이 명확하
여 효율적으로 협력 운영할 수 있어야 함

■ 공연화 사업 운영 결과 및 차년도 운영계획 제시

1. 사업 참여의 필요성
- 다양한 문화예술교육 통합 프로그램을 통해 성장기 청소년의 감성을 키우고, 결과 발표공연의 실현 과정에서 느끼는 성취감 효과는 미래의 청소년의 삶을 격상시켜줄 수 있는 좋은 사례로서 운영단체의 긍지와 자부심으로 그 역할이 큼
- 통합된 문화예술교육 과정의 청소년 방과후 상상학교 운영을 통해 공연의 새로운 장을 여는 기회를 가짐으로서 다양한 관계 층이 형성되고, 지역의 네트워크가 소통으로 이어져 그 가치와 의미가 크기에 지속적인 보완과 노력으로 적극 참여하고자 하는 의지가 큼

2. 사업 참여 운영의 전략
- 각 기관 동향 파악을 통한 공연화 전략 설계
- 주강사, 책임강사와 보조강사의 사전 사업이해와 전문성 역량강화
- 전통과 현대의 융합예술 교육 프로그램 개발과 향유기회 확대
- 사업 전 동기부여 프로그램 준비
- 지방 문화 소외지역의 공연화 사업 확대
- 사업 수혜지역 기관과의 지속적 교류를 통한 필요 요건 점검
- 지역 홍보연계망 체계 확립

제5장

치유의 춤,
상상하는 삶

상상하는 일상은 우리 모두에게 생명과
같은 희망을 꿈꾸는 삶으로 연결시켜 준다.

오늘날 현대인들은 정보의 선택과 활용 그리고 변화의 속도에 잘 적응해가야 하는 문제점뿐만 아니라 물질적인 면을 강조하는 현대사회에서 늘 심적·신체적으로 스트레스를 가지고 있으며 정신적인 여유와 안정을 잃어버리고 또한 진정한 의미의 행복마저 잊어버리며 살아가고 있다. 이런 현상을 통해 웰빙(Wellbeing)과 힐링(Healing)에 대한 관심이 높아지고 있으며 육체와 정신의 건강을 찾고자 하는 사람들이 늘어나고 있다.

주 5일제 근무와 노동시간 단축 등으로 여가생활을 어떻게 활용할 것인가에 대하여 많은 사람들의 관심이 쏠리고 있고, 특히 몸의 외형적인 미에 대한 관심은 더욱 커지고 있으며 아름다운 몸과 함께 소통과 관계에 대한 불안한 정서를 다스릴 수 있는 특별한 몸 프로그램으로 이어지는 무용에 대한 관심이 개인적·사회적 관심으로 확대되어 무용교육의 전문적인 차원만이 아니라 바로 생활로 밀착되어 개인의 정서와 심성의 순화, 건강관리와 오락 형식 그리고 집단적 공감대 형성의 수단으로 활용되면서 무용교육은 그만큼 탄력을 받지 않을 수 없게 되었다.

더구나 대부분의 현대인들은 자의식(self-consciousness)의 억압에 의해 표현을 스스로 차단하고 있으며, 통합된 자아전체성(self-totality)의 투영을 통한 자유롭고 조화로운 표현을 저지당하고 있다. 그래서 현대인들은 신체 표현의 충동이 일 때 당황하고 만다. 이들은 신체와 정신을 감정에 조화시키는 일에 익숙하지 못하다. 그래서 쉽게 확신을 가지고 움직이거나 행동하지 못하는 경우가 허다하다. 그 결과 신체는 부담스럽고 통제할 수 없는 도구로 느껴진다. 이러한 문제는 예술적 경험을 통하여 억압으로부터 신체 움직임의 창의적 표현활동을 통한 해방감을 느끼게 해주고 불필요한 신체적, 정신적 제한을 없애줌으로써, 개성을 자유롭게 발달·표출되게 함으로써 치유를 동시에 얻을 수 있다.

즉 신체의 움직임을 통한 창작행위는 새로운 경험이나 감각을 불러일으킬 수 있다. 즉 동작을 통한 경험은 느낌과 결합하여, 오랫동안 묻힌 채 알려지지 않았던 감정과 이미지가 동작을 통해 표현됨에 따라 우리는 춤을 추게 된다. 이 춤이 우리의 삶과 결부될 때 비로소 극적인 해방이 가능해지고 생존하고 싶은 의지에 변화가 온다(안나 할프린, 2002: 17).

예술은 해소(relieve)와 정화(catharsis)의 효과를 가지고 있다. 예술은 영혼의 모든 다양한 행위들과 관련된 감정을 격화시키는 수단을 인간에게 제공해준다. 반면 마음에 평온을 부여해 모든 격렬한 감정을 누그러뜨리기도 한다. 그중 춤 예술은 춤이라는 행위를 통해 창조성을 생산해내는 과정이라고 할 수 있다. 춤과 창조적인 행위를 치유에 적용하면서 우리는 여러 가지 이유로 놀라게 된다. 창조적인 행위인 춤을 통해 우리는 객관화의 단계에 이르게 되며, 고통의 동일시(identification)에서 벗어나게 된다.

일상에서 몸과 소통하는 생활 춤은 인위적 형식을 탈피하여 자유로운 움직임 자체에서 자유와 해방감을 맛보며, 자신의 자아를 발견하게 한다. 그리하여 우리들로 하여금 보다 넓고 만족스러운 삶을 누리도록 해준다. 개인적이고 동시에 사회적이며, 창의성을 추구하게 되는 다양한 방법으로 접근하는 즉흥 춤은 신체기능 향상 및 일상생활 회복에 유용한 건강증진 방법으로서뿐만 아니라 심리치유까지 될 것으로 기대된다. 근육의 긴장과 이완에 도움을 주는 모두가 참여하는 문화예술교육 프로그램으로 기획되고, 다양한 대상을 겨냥하는 프로그램으로 개발, 활용되어 오늘날 현대인들에게 가장 효율적인 방법으로 적용할 수 있는 경험예술로서 춤을 통한 치유의 춤으로 행복한 삶에 다가가는 그 의미와 가치는 날로 성장하게 될 것으로 전망된다.

다문화가정을 위한 생활치유의 춤

최근 우리 사회는 다양한 문화와 인종이 공존하는 사회의 흐름에 편승하여 외국인 배우자와 결혼하는 국제결혼이 급증하고 있다. 이제 한국은 단일민족이라는 말이 무색할 만큼 다문화·다인종 국가가 되어가고 있다. 이러한 현상은 또 다른 소외계층을 만들어 여성결혼이민자와 그들의 자녀들은 사회·문화적인 편견 속에서 정체성의 혼란을 겪고 있다. 이 과정에서 다양한 인지적 정서적 부조화를 경험하게 되고, 이때 발생하는 정서적 당혹감과 불안함, 인지적 혼란을 문화충격이라 한다.

따라서 상호 반응적 동작 경험을 통해 개인의 정체성을 확립시키고, 타인과 비언어적 감정교류로, 내적 사고와 감정들을 행동으로 표출시켜 인식할 수 있게 하는 예술적 경험과 일상생활 과정을 통합하는 '생활치유의 춤-Life Healing Dance'는 사회적, 감정적 역할능력을 높일 수 있으므로 문화예술교육으로서 지니는 교육적 가치와 그 필요성이 크다고 본다.

정형화된 무용과 다르게 다양한 문화의 생활 행동을 응용한 자유로운 춤의 경험은 자발성의 양성을 통해 그 속에서 자기의 활동을 회복하여 행동하는 힘을 키울 수 있으며, 신체와 정신의 통합으로부터 창조적 움직임은 자기의 정체성을 확립하는 계기를 가지게 됨으로써 가정의 화목을 도모함과 동시에 건강한 사회적 일원이 되는 공동체 의식 함양에 큰 영향을 끼치게 되므로 생활치유를 위한 프로그램을 기획하게 되었다.

2010 "우리 모두 하나 되는"
생활치유의 춤 - Life Healing Dance

■ 교육목표

현재 국가와 지방 자치단체나 사회단체, 일부 종교단체에서 활발하게 실시하고 있는 다문화 프로그램은 한글교실, 예절교실, 외국인과 함께하는 문화교실, 국제이주민 센터, e-다문화 프로그램이 있지만, 가정 안에서나 사회생활 속에서 느끼는 자신의 감정과 생각을 표현하는 방법에 접근하는 문화예술교육 프로그램은 전무하여 그에 따르는 연구와 기획에 필요한 프로그램이 개발되고, 활용되어야 한다.

1. 다문화 가정의 아동, 부모, 부부 등 관계치유를 위한 신체움직임을 통하여 서로에 대한 신뢰감과 존중감, 친밀감을 향상시킨다.
2. 상호 반응적 동작 경험을 통해 상대방과의 비언어적 감정교류로 내적 사고와 감정들을 표출시켜 상대방에 대한 새로운 인식을 갖게 한다.
3. 자유로운 움직임의 레크레이션의 특성을 살려 자율성을 키우며, 우리는 자유와 평등정신을 맛보게 되고, 상호협동을 통한 공동체 의식의 함양과 함께 심리적 안정감을 얻을 수 있다.

부산시 남구 여성회관

일상의 몸과 소통하기

치유의 접촉 즉흥 :
바디 웍의 재구성

　접촉 즉흥이란 움직임에 대한 영역 탐구로 신체의 무게를 이용하여 내적 충동을 외적 표현으로 형상화하는 가운데 상대의 움직임에 즉각적으로 반응할 수 있게 하여 융통성 있는 움직임을 형성케 하는 방법이다. 이것은 신체의 지각능력을 확대시켜 긍정적 사고와 자기발견의 변화에 비상호적인 작용을 통해 즉각적인 신체 소통을 유지하는 것으로서 관계성을 강조한다. 즉, 정적인 것에서부터 고도의 과격한 움직임에 이르기까지 지속적인 흐름에 따른 움직임의 상태를 형성하고, 이 과정에서 서로를 도와주고 이끌어가며 신체접촉을 유지하는 것을 의미한다.

　접촉에 의한 즉흥행위는 많은 종류의 사회, 정치 조직들에서 일어났던 평등주의와 공동체적 조화에 관한 중요한 사회적 실험의 부분들로 이루어졌다. 그리고 접촉에 의한 즉흥행위는 육체, 동작, 춤 그리고 사회의 강력한 상호 관계를 탐구하기 위한 수단으로서 그 역할을 하고 있다. 어떤 단계에서는 충분한 친밀관계에 의해 심신을 치유할 수 없기도 하고 그래서 대체적(代替的)인 친밀성에 의한 해결의 방법으로 요구되기도 한다.

즉흥 춤에 있어 접촉즉흥은 공동체의 협력과정으로서, 움직임 과정을 통해 우리는 개개인의 인격을 존중하고 상대를 배려할 줄 아는 등의 매너 있는 사람이 될 수 있다. 또한 타인과의 원만한 상호작용으로서의 접근을 제공해줌으로써 사회와의 결속력을 키워주며, 타인과 대화하고 협력하는 등의 공동체 의식 함양을 위한 모델을 제공해준다. 특히 사물을 바라보는 시각의 확대, 신체지각 능력, 긍정적 사고, 자신감, 자기발견 등에서 폭넓은 변화와 경험을 쌓는 데 유용하다.

바디 웍(Body work) 접촉 즉흥에서 성폭력예방 및 재범방지교육의 가능성

21세기, 오늘날 현대의학의 발달은 수많은 질병을 예방하고 치료하는 데 큰 몫을 하고 있는 반면 사회가 복잡해질수록 증가하는 새로운 정서적 장애의 출현은 늘어나고 있는 추세이다. 더불어 비인간화 현상이 심화되면서 인간의 실존 그 자체가 위협받고 있다. 그리고 그것은 반사회적인 행위로 도출되어 심각한 사회적인 문제로 떠오르고 있다. 현대 사회의 일상 속에서 사회의 발전과는 대립적으로 현대인은 실존적 고독, 인간성 상실, 물질만능주의에 심한 가슴앓이를 겪고 있다. 그 속에서 인간의 고립과 소외의 문제, 일탈의 문제는 사회학적 측면에 있어서도 매우 중요한 이슈로서 쟁점화되고 있는 실정이다.

성폭력이란 개인의 자유로운 성적 자기 결정권을 침해한 범죄로, 강간뿐 아니라 성희롱, 추행, 성기노출, 윤간, 아내강간, 강도강간, 어린이 성폭행 등 모든 신체적·언어적·정신적 폭력을 포괄하는 개념이다. 한국 사회에서 성폭력이라는 용어는 1980년대 후반에 여성, 사회단체에서 사용하기 시작했고, 1994년 '성폭력범죄의 처벌 및 피해자보호 등에 관한 법률'에서 공식적으로 처음 사용되었다.(한국양성평등교육진흥원, 2006)

'상대방의 의사에 반한 성적 언동'이라는 성적의사결정권에 따른 성폭력 개념이 대중들에게 상식적으로 통하고 있지만, 청소년기에 일어나는 성적 발달은 청소년기라는 특수성을 고려하지 않으면 안 된다. 청소년기는 본격적인 성적 의식화 과정이 일어나고 이를 통해서 자아를 지각하는 방식이 변화되는 시기라는 점에서 주목할 만하다. 성과 관련한 청소년 문제는 이제 소수 비행청소년들만의 문제가 아니라 사춘기에 접어들면서 신체적·심리적 격변기를 겪는 모든 청소년의 문제가 되었다. 또한 그들이 성인이 되어도 여전히 성폭력을 일삼게 되지 않는다는 보장은 없는 것처럼 재범을 예방하기 위한 사회적 보완정책은 더욱 고려되어야 한다.

　성폭력 가해 청소년들의 재발이 보고되고 있으며, 이전의 폭력사건이 다음 사건과 유사한 양상을 보이고 이후의 사건을 강화하는 경향이 있다.

　창의적 접촉 바디 웍 교육과정은 성폭력 청소년 가해자에게 신체 움직임의 심미적 요소와 사물을 바라보는 시각의 확대, 신체 지각 능력, 긍정적 사고, 자신감, 자기발견 등에서 폭 넓은 변화와 경험을 쌓는 데 유용하였다. 특히 학습자 자신의 잘못을 인정하는 사고과정(thinking process)을 통하여 대인관계 향상과 행동변화를 주며, 그들의 창의성 즉 창의적이며 동시에 올바른 사고력을 향상시키는 데 매우 중요한 교육수단으로 활용될 수 있는 것이다. 한 가지 제안하고 싶은 말은 향후 다시 똑같은 범죄를 저지르지 않게 하기 위하여 꾸준한 계획 아래 교육이 진행되어야 하며 계속 지켜보아야 한다는 것이다.

접촉 즉흥 춤의 경계점을 정확하게 하고 보다 나은 결과를 위해서는 순수한 신체 움직임 경험, 자신의 신체와 타인의 신체 접촉에 의한 아비투스적 경험까지 끌어내는 것이 긍정적인 목적이다. 접촉즉흥 춤을 토대로 대상의 특성에 맞춰 고안된 교육방법은 각 교육기관에서 성폭력 예방교육으로서도 접근이 유용한 교육적 가치를 지닌다. 또한 신체접촉이 갖는 친밀성에 성적인 흥미가 포함되어 있다는 사고방식에서 친밀성을 억압, 규제했던 과거의 오해에서 벗으나 학교뿐만 아니라 널리 각 사회 여러 기관에서 예방교육프로그램으로 접근이 유용할 것이라 생각한다. 교육개혁과 사회변혁을 위해서 그 어느 때보다 사회적 문제에 대응할 준비가 되어 있지 못한 예방교육 매뉴얼의 미흡한 부분을 보완하는 새로운 접근의 교육이 절실하다.

보호관찰소 성폭력 가해자를 위한 바디 웍

대구, 부산, 울산 중심으로

2008년 부산성폭력상담소의 제안으로 시도되었던 접촉 즉흥 움직임을 활용하여 성폭력 가해 남성(13~68세)을 지도하는 기회를 통해 그들이 생각하고 있는 피해의식과 여성에게 했던 행동에 대한 오해와 착각 그리고 신체 감각에 대한 새로운 인식 과정은 꼭 필요한 상황이었다. 이러한 바디 웍(body work) 과정은 자신의 몸 행동을 통찰하는 시간을 가지며 타인의 신체를 보는 시각을 새롭게 하게 된다. 타인과 함께하는 접촉과 움직임 활동은 다양한 상황에서 느끼게 되는 신체 반응과 느낌을 새롭게 인식하게 되어 타인의 몸에 대한 배려와 존중감 그리고 자신의 행동에 대한 성찰 활동을 하게 된다.

■ 바디 웍(body work)
- 상대방 몸을 접촉해봄으로써 불쾌감, 반감, 호감, 존중감 등 생각과 느낌을 체험
- 상대방의 동의 없는 성적 불쾌감에 대해 이야기함
- 동의에 의한 존중하는 느낌의 접촉과 대비시킴

1. 교육목표
    1) 신체접촉에서 감각 이해
    2) 신체접촉에서 쾌, 불쾌, 강제, 존중에 대한 경험
    3) 상호 존중과 배려에 대한 경험

2. 보조자료 및 준비물

　1) 워크북, 음악, 노트북, 스피커, 필기도구

3. 강의내용

　1) 몸과 마음의 연결성

　2) 안전, 존중, 배려에 대한 경험

　3) 소통으로 교감 나누기

행정가를 위한 내 몸에 말 걸기

    그동안 문화예술교육의 사각지대에 있었다고 볼 수 있는 직장 근로자들도 최근 문화예술교육 프로그램을 희망하는 추세에 가세하여 문화체육관광부 산하 한국문화예술교육진흥원과 부처 간 협력을 통한 매칭 지원 사업들이 조금씩 생겨나고 있다. 세계화 시대에 발맞추어 창의인재 양성과 근로·행정가의 역량 강화에 필수적 항목으로, 문화예술의 이해를 돕고 참여하여 문화 정체성에 대한 인식을 높일 수 있는 다양한 프로그램이 개발되어 체험의 기회가 많이 열릴 수 있어야 한다.

    특히 순수한 몸 표현 활동이 부족한 일상적 업무 활동은 근육의 피로를 야기하므로 정적인 사고에서 역동적인 몸의 사고와 균형이 어우러져야 한다. 잘못된 몸의 자세, 습관적 행동에 의한 고질병 등을 초래할 수 있는 환경을 갖고 있는 것이 직장인들이다. 업무 사이사이 스스로 자세를 바꿔준다거나, 호흡법을 활용하여 잠시의 명상을 즐겨보면서 심신의 피로를 수시로 풀어주는 시간을 가질 수 있어야 한다.

2014~2015 행정가 아카데미
부산문화재단 부산문화예술교육지원센터 주관

    그리고 사내 관계 문제에 있어서도 몸의 태도와 눈빛 그리고 몸 접촉의 문제에 대하여 긍정적인 모습으로 개선되어야 하며, 창의적 인성 함양에도 모두의 끊임없는 노력이 중요하고, 평소 자신들의 몸 정서를 다듬을 필요가 있다. 그렇다면 몸으로부터 생기는 오해나 불쾌함 등이 많이 감소될 수 있을 것이며 사회적 분위기도 완화될 것이다.

    행정 자체가 딱딱한 느낌이 들지만 오히려 이러한 환경적 요인과 업무의 특성을 잘 반영한 문화예술교육 프로그램이 개발되어 일상생활에 접목되어야 한다. 평소 생활에서 잘 사용하지 않는 몸의 활동성을 살려 모두가 참여하는 창조적 몸 표현 활동의 체험으로 공동체로서 서로를 배려할 수 있는 원활한 소통과 공감대 형성이 이루어져 관계 개선 및 친밀감 형성과 타인을 바라보는 새로운 사고로 전환되어 일상의 행정 업무에 지치지 않고 능률적인 사회 활동으로 나아갈 수 있을 것이다.

부산문화재단 창의 감만촌 연습실

부산문화재단 창의 감만촌 연습실

일상의 몸과 소통하기

2014 문화예술교육 교원아카데미
부산문화재단 부산문화예술교육지원센터 주관

　　현재 학교교육에서 체육 교육 과정 중에 있는 표현활동이나 무용은 모든 교사와 학생에게 큰 부분이 되지 않는다. 무용에 대한 편견과 상투적인 생각 때문일 수도 있고, 난 무용을 못해요, 라는 느낌에서 비롯되기도 한다. 많은 교사들이 여러 가지 이유로 무용 수업을 꺼린다. 이유는 무용 수업을 할 만한 충분한 준비가 되어 있지 않다고 느끼기 때문이다. 그러나 여기 제시된 몸짓 표현활동 교안은 무용이 되기 이전의 기본적인 몸의 움직임으로 구성되어 있으므로 전공과 상관없이 모든 교사가 참여하여 교감하며 소통할 수 있는 방법을 통한 실기를 익혀 활용할 수 있다.

　　몸을 활용하거나 몸의 한 부위만을 집중적으로 활용하여 관계 몸 표현 놀이를 통해 서로 교감하는 과정 속에 집중력과 사고력 확장으로 문제해결력과 순발력이 향상되고, 유쾌함과 친밀감 형성으로 자존감 회복과 공동체 형성을 얻을 수 있는 과정의 프로그램을 교사들과 진행하여 교육 현장에서 학생에게 적용할 수 있으며, 문화예술교육의 이해를 돕고자 체험을 통한 소통의 기회를 가졌다.

제목	몸으로 소통하기	학습 대상	교사	소요 시간	120분
학습주제	창의·인성함양을 위한 몸짓 표현활동		장소	배움방	
학습목표	1. 몸짓 활동을 통해 소통하는 방법 익혀보기 2. 몸과 정신을 통합하는 도구 놀이와 상호관계 몸짓 놀이				
학습형태	실습		교육 재료	편한 복장, 음악, 오디오, 탄력밴드, 스톱와치	
기대효과	창의적 몸짓 표현활동을 통해 운동 기능적, 지적, 사회적, 정서적으로 자신과 타인을 알게 되는 과정을 통해 학생의 인성과 감성을 풍부하게 함양하여주는 기대효과를 가진다.				

학습 단계	학습 과정	교수·학습 활동	자료 및 유의점
도입 (10분)	학습 목표 및 동기 부여	·몸짓 놀이로 가벼운 몸 풀기 ·목소리, 몸의 터치 등의 놀이 몸짓으로 친밀감 형성과 프로그램 안내	

전개 1
(40분)
	학습
	활동
		1. 신체 부위별 명칭 알기와 2명이 1모둠을 이루어
		   다양한 몸 부위를 제시하며 몸과 몸의 접촉 놀
		   이를 이끌어낸다.
		
		2. 목소리를 활용하여 몸짓과 통합을 이끌어내는
		   다양한 접촉 놀이를 하고, 사고력 확장을 이끌
		   어내는 소통을 몸짓 활동으로 익혀본다.
		   (2인 1모둠, 3인 1모둠이 가능함)
		
		* 서로 느낀 점과 다른 사람의 몸짓을 관찰하는
		  시간을 가지며 차이점 등에 관한 이야기를 나눈
		  후 다시 파트너를 바꾸어 시도해보며 차이점 등
		  에 관한 대화 시간을 가진다.
			간편한 복장

전개 2 (40분)	학습 활동	3. 교육 도구를 활용하여 파트너와 소통하며 몸짓 확장 놀이 체험 해보기 4. 큰 모둠으로 구성하여 다 함께 그룹별 협업 작업 몸짓 놀이로 창작 과정까지 이끌어 가보기 5. 음악에 맞춰 리듬활동으로 공간과 몸의 확장 활동 * 서로 느낀 점과 다른 모둠의 몸짓 협업 활동을 관찰하는 시간을 가지며 모둠별 차이점 등에 관한 대화 의 시간을 갖는다.	탄력밴드, 실
정리 (20분)	이완과 피드백	- 긴장된 자신의 몸을 들숨과 날숨의 가벼운 호흡을 반복하여 풀어준다. - 전체가 잘 표현한 것들을 서로 칭찬하고 부족한 점들을 발표한다. - 다시 도전하면 좋겠다고 생각하는 각자의 의견을 들어본다.	

위의 교안대로 실재 표현활동을 경험한 교사는 체험한 몸짓 놀이를 바탕으로 응용할 수 있다. 학생의 연령과 크게 관계없이 적용 가능한 프로그램으로 교안을 제시하였으므로 참고하여 활용하면 된다.

아트캠프 울산 척과 or 부산 오리 :
2005~2006

ART CAMP

아트캠프는 춤이 가지는 일회성의 한계를 넘어 생활 속의 예술을 추구하는 춤 개념이다. 자연과 함께하는 생활-예술-신체 표현이 하나로 어우러지는 정서적, 환경적, 치유적 메시지를 담고 있다. 문화예술적 감성이 생활화되기 위하여 일반인 누구나 예술가와 함께 배우고 익히는 평생학습교육 프로그램으로, 자신의 체험과 협동 과정을 통하여 창의적이고 건강한 몸으로부터 자아를 발견하는 계기가 될 것이다.

초대장

"몸이 생각을 변화시킨다"

누구나 자아 발견과 정체성에 대해 고민하고 자기표현에 몰두하지만 몸으로 표현하기는 어렵습니다. 몸과 마음이 함께 어우러져 창의력 개발로부터 정서치유의 과정으로 승화될 여름야외 체험학습의 장을 열게 되었습니다.

자연의 일부가 되는 1박 2일 간의 체험은 자아정체성을 찾아가는 테크닉이 아닌 표현하는 춤을 체험하게 될 것입니다. 가족단위 또는 남녀노소 누구나 참여하여 자연과 더불어 공동체로 생활하며 신체 표현을 깨달아가는 생활, 예술, 신체 표현이 하나로 어우러지는 아트캠프로 여러분을 초대합니다.

아트캠프 울산 척과

■ 프로그램 내용

○ 자아를 찾아가는 춤 여행-내 몸과 마주보기 춤 워크숍

○ 자아발견-1 몸에 휴식주기와 유연성 리듬훈련

○ 자아발견-2 이미지와 영감을 불러오는 움직임 체험

○ 자아발견-3 무아지경 마사지와 타인의 신체를 통한 자아 찾기

○ 조형예술과 춤의 만남

○ 쉽게 다가가는 미술 워크숍

○ 스스로 만들고 춤으로 표현해보는 퍼포먼스

○ 퍼포먼스

○ 전시장

아트캠프 부산 오리

하나가 되는 토요문화학교 :
2013 · 2015

2013 부산 꿈지락 꼼지락
'하나가 되는 몸짓' 토요문화학교

　　최근 우리사회는 급격한 성장과 변화 속에서 다양한 문화와 인종이 공존하는 사회적 흐름에 편승하여 외국인 배우자와 결혼하는 국제결혼이 급증하고 있고, 이혼이나 가정폭력에 의한 한부모가정 또한 늘고 있다. 그리고 자녀와 함께하는 시간이 많이 부족할 뿐만 아니라 사회 문화적 편견 속에서 정체성의 혼란을 야기시키고 있다. 이 과정에서 다양한 인지적, 정서적 부조화를 경험하게 되는 문화충격을 겪고 있을 뿐만 아니라 지역 갈등의 요인으로 부상될 가능성까지 안고 있는 실정이다. 따라서 상호 반응적인 자유로운 몸짓 경험과 타예술 통합 체험을 통해 부모와 자녀 간의 소통의 물꼬를 터 가족의 정체성을 확립시키고, 따라서 지역사회의 주민과 또래의 감성 교류의 체험의 장을 통해 내적 사고와 감정들을 동작 표현으로 표출시켜 함께 인식할 수 있게 하는 토요문화학교를 통한 문화예술프로그램 경험으로 사회적 공동체 의식을 함양하는 큰 역할을 하고자 한다.

○ 교육기간 : 2013. 3. 2 ~12. 14

○ 교육장소 : 1기 연제구 누림터, 2기 사상구 건강가정지원센터

○ 교육대상 : 1기 가정폭력피해자 가족, 2기 다문화와 일반 가족

○ 교육내용 : 무용과 그 외 자연캠프, 현장학습, 음악, 미술 통합 프로그램

○ 교육회기 : 총 32회기. 1기, 2기 각 16회로 운영

○ 프로그램 특징 : 즉흥 춤을 활용하여 관계 협력 활동을 통한 자기 내면의
상처를 치유하는 창조적 움직임은 대그룹으로까지 확대되어 자신과 타인
과의 상호 주도적 활동을 회복하여 신체와 정신의 통합으로부터 자신의
정체성을 확립하는 계기를 가지게 됨으로써 자기 수용성, 주도성, 친밀성
이 향상되어 타인과 화합할 수 있는 효과를 가지는 춤의 특징을 지니고 있
다. 또한 토요일 여가활동으로 평소에 경험하기 어려운 타 장르(미술, 음
악)와의 통합 표현활동과 공연감상, 실연경험, 자연캠프 등이 어우러진 프
로그램으로 구성되어 가족의 풍부한 감성 발현의 기회를 제공한다.

○ 참가자 : 40명

○ 운영기관 : 미야(美野)아트댄스컴퍼니

■ **교육목표**

첫째, 부모와 자녀가 함께하는 비언어적 상호 반응적 동작 표현 경험을 통해 서로에 대한 새로운 인식을 갖게 한다.

둘째, 부모, 자녀, 지역민 간의 관계 향상을 위한 다양한 교육도구 활용과 실연과정, 현장학습, 자연캠프 등과 같은 프로그램을 통한 소통과 화합의 창의적 몸짓 표현 활동의 체험을 통하여 서로에 대한 신뢰감과 존중감, 친밀감을 향상시킨다.

셋째, 자유로운 몸짓의 놀이적 특성을 통해, 자율성을 키우며, 다함께 하는 협력활동 표현을 통해 자유와 평등 정신을 맛보게 되며, 공동체 의식의 함양과 함께 소통과 화합을 이끌어내어 생활 속에서 심리적 안정감 등을 얻을 수 있다.

■ **교육 프로그램 세부내용**

현대무용의 한 형식인 즉흥 춤에서 출발하여 춤에 있어 초보자 누구나 다 함께 다양한 움직임을 만들고 표현하여 하나가 되는 개별, 그룹의 몸짓 창작놀이 학습 방법을 통해 지역사회의 다양한 계층 간의 화합과 조화를 창출한다. 그리고 상황과 정서에 맞는 교육도구 개발 활용과 참여자 상호 만남과 반응적 동작 표현 활동 경험을 통해 또래, 부모, 다문화 지역민 서로의 몸짓으로 대화하고 표현하며 협력하는 친밀성을 다지는 문화예술교육 프로그램이다.

그리고 정기적인 토요문화예술 프로그램의 과정을 통해 토요일의 여가 문화를 조성하고, 사회 공동체 의식을 강화하게 되는 춤을 통한 창의적, 정서적인 몸짓 표현과 미술, 음악, 현장공연감상, 자연캠프, 공연실연 등으로 구성된 프로그램의 진행으로 참여 아동과 청소년의 소질 개발 및 자녀에 대한 진로 탐색의 기회를 동시에 가지게 됨과 아울러 다문화적인 문화적 정서를 비언어적인 몸짓의 표현으로 교류하여 깨닫고, 자신과 타인을 바라보는 마음을 새롭게 열게 된다. 아울러 부모와 자녀 간의 친밀감을 돈독하게 하고, 원활한 관개 개선을 마련해주어 여유 없는 생활에 의하여 사회적으로 위축되어 있는 부모와 자녀 간의 감성과 표현의 자유를 만끽하게 하는 창조적인 만남의 장으로서 지역사회와 가족 모두에게 화합과 소통의 계기를 마련하는 과정의 프로그램이다.

■ 교육진행과정 내용

- 다양한 도구를 활용하여 놀이적인 측면과 창의적인 발상의 모티브를 제공하는 방법으로 수업진행 회기마다 활용한다.
- 정서적인 측면과 심리상태를 위해 다양한 성격의 음악을 활용한다.
- 몸짓과 함께할 수 있는 미술적 영감을 창작하여 움직임과 통합한다.
- 현장 학습을 통해 평소에 접하기 어려운 창작공연을 감상한다.
- 여름방학이나 특별한 주기를 정하여 자연 생태와 몸짓의 조화를 깨닫는 특별한 곳에서 자연 캠프 활동을 진행한다.
- 그동안 익힌 다양한 학습의 총 결과를 모두 함께 공연으로 진행하여 그 결실을 만끽한다.

- 그동안 익힌 학습 내용을 모두 함께 공개 워크숍 형식으로 창작하여 사상구 다누림 강당 홀, 누림터 홀에서 발표하며 각 기관 관계자, 가족, 또래, 지역주민과 소통과 화합의 장을 마련하여 만끽한다.

■ 춤 전용극장에서 가진 결과 발표회

■ 참여후기

학생 A- 프로그램을 하러 오면서 기분이 좋아져 엄마하고 말을 많이 했다.

학생 B- 몸도 풀고 표현하는 방법을 알아서 참 좋았다.

학생 C- 땀이 다른 때보다 많이 나서 훨씬 시원했다.

부모 A- 예술장르가 다양하게 통합되어 있어서 생활에 도움이 많이 되었다.

부모 B- 프로그램에서 익힌 다양한 몸 움직임 표현을 가정에서나 사회에서
활용할 수 있을 것 같다.

부모 C- 아이가 다양하게 몸을 사용할 수 있는지 관찰할 수 있었으며 좀 더
적극적으로 몸을 사용할 수 있게 되었다.

강사 A- 가족 모두가 집중하며 잘 호응하여주어 서로 신뢰 속에서 즐겁고
유익한 토요문화학교를 운영할 수 있어서 뿌듯함을 많이 느낀다.

(마지막 회기 참여자 글쓰기 문장에서 발췌)

■ 자연캠프 활동

양산 田 연구소

2015 꿈다락 토요문화학교
'들쑥 ! 날쑥 ! 하나되는 몸짓소리그림'

○ 상호 반응적 신체 교감과 소통이 있는 자유로운 창의 몸짓(치료표현무용과 리듬활동무용) 경험과 함께 타 예술(음악, 미술)과의 통합 체험 놀이를 통해 장애와 비장애 아동 간의 비언어적 관계 소통의 물꼬를 터 인지력 향상, 사회성 발달, 관계와 의사소통의 문제를 토요 여가 문화예술 활동으로 원활하게 이끌어준다. 아울러 가족과의 화합으로 정체성을 고취시키고, 지역사회에서 주민의 일원으로서 개개인의 존재 가치를 다함께 가꾸어나간다.

○ 지역사회의 주민과 장애, 비장애 아동 청소년 또래와의 감성 교류 체험의 장을 통해 내적 사고와 감정들을 동작 표현으로 표출시켜 정기적으로 이루어지는 토요문화학교를 통하여 문화예술교육 프로그램 경험의 소통으로 토요일 놀이 문화예술 공동체를 가꾸어보고자 한다.

- 부산시의 지역적 환경이 북구에 복지 수요가 밀접되어 있으므로 문화예술교육 프로그램의 향유가 시급한 문화소외계층인 특수아동(8~15세)에게 문화예술의 향유 기회를 토요문화학교를 통하여 제공하며 또래 일반아동과 통합하여 소통 문화 예술 활동으로 학습효과를 얻을 수 있다는 긍정적인 관계 복지관 상담사나 관장님과 협의하여 진행하기로 대상을 선정함

- 발달장애란 어느 특정 질환 또는 장애를 지칭하는 것이 아니라 사회적인 관계, 의사소통, 인지 발달의 지연과 이상을 특징으로 하고 제 나이에 맞는 발달이 이뤄지지 않는 상태로, 발달 검사에서 정상 기대치보다 25% 정도 뒤처진 경우를 말한다. 대부분 저연령에서 발견되며 사회성 문제가 진단에 가장 중요한 특징이다.

○ 프로그램 주요 특징
- 관계 협력 활동을 통한 자기 내면의 상처를 치유하는 창조적 움직임은 대그룹으로까지 확대되어 자신과 타인의 상호 주도적 활동으로 이끌어 낸다.
- 신체와 정신의 통합으로부터 자신의 정체성을 확립하는 계기를 가지게 됨으로써 자기 수용성, 주도성, 친밀성이 향상되어 타인과 화합할 수 있는 효과를 기대한다.
- 평소에 경험하기 어려운 타 장르(미술, 음악)와 통합 표현활동과 공연감상, 실연경험, 자연캠프 등이 어우러진 프로그램으로 구성되어 풍부한 감성 발현을 가지게 되는 계기를 만나게 된다.
○ 교육목표 : 부모, 자녀, 지역민 간의 관계 향상을 위한 몸짓 교감 활동을 통하여 서로에 대한 신뢰감과 존중감, 친밀감을 향상시킨다. 그리고 또래와 또래 간의 배려 및 가족 간의 소통과 화합을 위해 다양한 교육도구 활용과 실연과정, 현장학습, 자연캠프 등과 같은 프로그램을 통한 소통과 화합의 창의적 몸짓 표현 활동의 체험을 통하여 생활 속에서 심리적 안정감 등을 얻을 수 있다.
○ 기수별 운영일자
- 1기 : 3월 21일(토) ~ 7월 11일(토)
- 2기 : 7월 18일(토) ~ 11월 28일(토)
○ 교육대상 : 장애, 일반 아동, 청소년 통합(8~15세)
○ 교육장소 : 북구 남산정 종합사회복지관
○ 교육내용 : 무용(창작표현+리듬활동), 미술(접기+그리기+만들기), 음악(노래+손악기활동)
○ 교육회기 : 총 32회, 1기, 2기 각 16회로 운영
○ 교육주제 : 창작무용과 리듬무용의 경험이 음악과 미술의 통합 체험 놀이로 발전되어 장애와 일반 아동, 청소년의 관계 소통

○ 교육특징 : 무용, 미술, 음악의 통합 표현활동과 공연감상, 실연경험, 자연
  도자기캠프 활동이 함께하는 프로그램
○ 참가자 : 1기/ 장애, 일반아동, 청소년 통합(8~15세) 20명
  2기/ 장애, 일반아동, 청소년 통합(8~15세) 20명
○ 교육강사 : 강미희(무용 · 기획, 주강사), 구경미(미술 · 주강사), 김윤선(음
  악 · 주강사), 박정윤(보조강사), 박유리(보조강사), 김다영(보조강사)
○ 참가자 : 40명
○ 운영기관 : 미야(美野)아트댄스컴퍼니

■ **세계 문화예술교육주간(15. 5. 23. 토요일)**

- 향유와 지역사회와의 소통의 기회 마련
  장애아동/청소년과 일반 아동/청소년 그리고 가족과 주민이 공유하는 프
  로그램의 체험 활동을 통한 소통의 장을 펼친다.

부산 북구 남산정 종합사회복지관

○ 1과정 무용(창작표현+리듬활동)

즉흥 무용의 방법적 이해와 리듬활동, 스트레칭 탄력밴드, 짐닉 볼, 자세교
정을 위한 폼 롤러로 친밀감 놀이와 서로의 긴장된 신체를 이완시켜주며
다양한 몸짓 발현으로 신체 감각 깨우기

부산 북구 남산정 종합사회복지관

○ 2과정 미술(접기+붙이기+만들기+그리기+디자인하기)

　　미술의 방법적 이해와 물감, 매직펜, 천, 종이, 모자, 부채, 앞치마를 재료로 생활 소품으로 활용할 수 있는 다양한 만들기로 창의성과 정서 치유의 창작 활동으로 감성을 키워가기

부산 북구 남산정 종합사회복지관

○ 3과정 음악(타악기음악+합창활동음악)

음악의 방법적 이해와 피아노 반주에 맞춰 몸짓 표현 활동에 맞춰 노래하며 다함께 합창 활동과 손 도구 타악기로 대그룹 활동의 조화와 창작 협력하여 꿈을 키우기

부산 북구 남산정 종합사회복지관

○ 4과정(현장학습+자연캠프+축제+결과 발표)

극장을 찾아 문화예술 공연을 감상하고 자연을 찾아 1일 도자기 체험을 하며 토요축제를 통해 시민과 네트워크로 소통하기를 배운다. 그리고 춤 전용 극장에서 그동안에 익힌 결과 발표 활동으로 풍부한 감성을 발현하고 부모 친구들과 하나가 되어본다.

부산 북구 남산정 종합사회복지관

○ 토요축제

부산학생교육문화회관

○ 도자기 자연캠프

경남 삼랑진 청담도예학교

일상의 몸과 소통하기

○ 결과 워크숍 발표

금정구 미르 소극장

■ 참여후기

○ 아이들
- 모든 게 다 좋았다.
- 자연학교에서 도자기를 만드는 것이 좋았다
- 좋았다.
- 재미있었다.
- 캠핑이 재미있었다.
- 엄마랑 캠프 가서 좋았다.
- 몸짓을 하면서 몸에 집중하고, 친구들과 댄스를 하여 좋았다.
- 극장으로 가서 뮤지컬을 감상하고 치킨을 먹어서 즐거웠다.
- 선생님께 감사하다. 좋은 프로그램을 해주셔서 감사합니다.

○ 부모
- 프로그램이 전반적으로 너무 유익하고 내 아이뿐만 아니라 다른 아이들과 어머니들과 소통할 수 있고 나 자신을 돌아볼 수 있어 정말 만족스러운 캠 프였다.
- 좋은 자연환경 속에서 여러 가지 즐거운 체험을 할 수 있어서 좋았다. 선생 님도 짱!!!
- 경험 못 해본 몸 전체를 사용해 표현하는 게 너무 좋고 애들 정서 면에서도 도움이 많이 되는 것 같다.
- 피드백을 주고받아 공감대 형성할 수 있어 몹시 좋았다.
- 아이와 함께 같이 만들기 및 무용을 통해 친밀감이 더 깊어진 것 같아 좋 았고, 이 프로그램에 선생님과 다른 애 어머니를 만나서 너무 귀하고 소중 하다.

○ 강사

- 학생들이 무대에서 지금까지 배운 것들을 멋지게 마무리했다는 점과 다른 팀의 교육 결과물들을 감상하면서 배움의 시간도 되었던 여러모로 뜻깊은 시간이다.

- 학생들이 평소에 경험하지 못했던 문화예술을 배우고 느끼는 모습과 처음에 비해 수업에 임하는 태도와 움직임에서 훨씬 많은 발전을 이룬 것 자체만으로도 이미 문화예술교육의 목적을 달성하였다고 생각한다.

에필로그

    문화는 현대 사회가 어떻게 작동되는가를 이해하는 데 필요한 핵심 개념 중에 하나임이 분명하다. 영국의 시인이자 비평가이며 교육자이고, 장학관을 역임하여 교육제도의 개혁에 힘써 국민교육의 건설에 크게 공헌한 매슈 아널드(Matthew Arnold)는, 문화는 진정한 사상과 진정한 미가 대중들에게 전달되는 통로라고 말하였다.

1996년 8월 댄스 하쿠슈 아트 페스티벌 참여 후 다나카 민 선생(왼쪽), 남정호 교수(가운데)와 함께

철학의 완성 혹은 그 미래에 대한 담론으로서, 과학과 기술의 고도화에 따른 세기말적 징후들 앞에서 듀이의 예술 개념은 예술 그 자체를 습관적으로 편협하게 한정해온 데서 벗어나 우리의 일상 영역과 자연의 영역으로 환원되고 확장된 개념으로 유도하고 있다는 점을 『경험으로서의 예술』에서 주장하고 있다. 오늘의 예술에 분명히 새로운 예술개념과 질서를 재정립해야 한다는 의미로 받아들여진다.

앞으로 우리 사회는 기존의 문화와 새로운 문화 사이의 접점을 역동적으로 찾아내는 열린 시각을 갖도록 도와주는 제도의 고안과 교육이 필요하다. 경험이 진실로 경험인 한 경험은 활력으로 고양되는 것이다. 경험은 개인적인 감정과 감각 안에 갇혀 있는 것을 의미하지 않고, 세계와의 활발하고 민첩한 교제를 의미한다. 그리하여 최고의 경험은 자아와 대상과 사건의 세계 사이의 완전한 상호 침투를 의미한다. 그것은 변덕과 무질서에 빠지는 것을 의미하지 않고, 정체가 아닌, 율동적이고 발전적인 안정의 유일한 증거를 제공한다. 경험은 한 생명체가 사물의 세계 내에서 투쟁하고 성취함으로써 실현하는 것으로, 예술의 맹아이다. 경험은 초보적인 형식에서조차 미적 경험이라는 유쾌한 지각에 대한 전망을 안고 있기 때문이다.

우리는 그동안 여러 가지 이유로 춤을 추어왔다. 종교적인 헌신 혹은 기원의 형태로, 오락의 한 형태로, 짝짓기의 수단으로, 운동의 한 형태로, 신체적 정신적 치유로, 혹은 언어로 표현될 수 없는 것을 표현하기 위해서, 인류가 이 세상에 존재하고 살아오는 동안 춤은 함께 존재하여왔다. 춤은 몸의 움직임으로 특징지어지는 인간의 행동으로 정의되고, 이는 기능적이라기보다는 표현적이라고 할 수 있다. 특정한 상황에서 걷기, 달리기, 뛰기 등도 춤으로 묘사될 수 있다.

춤이란 창조적 삶을 의미 형식 속에 표현하는 일정한 리듬의 틀 속에서 인간 내부의 생각이나 감정을 동작에 투영해내는 작업이라고 정의할 수 있다. 창조적 예술 체험을 통해 행위는 인격의 근간인 자아에 중대한 의미를 가지게 된다. 교육적인 면에서 볼 때 춤은 즐기기 위한 것만이 아니다. 그러나 의미 있는 경험에 심미적 형식을 부여하려는 노력을 통해 학생들의 창조성을 개발하고, 더 나아가 그들의 인간적인 성장을 도모할 수 있다. 창조적 능력은 일상생활에서 자주 활용되며 삶의 질을 높이는 데 크게 기여한다. 창조성은 예술작품뿐 아니라 자연이나 인간관계 속에서도 찾아볼 수 있으며 우리로 하여금 주변의 수준 높은 가치에 민감해지게 한다.

춤 예술이 일상 생활화될 수 있도록 보다 확대되어 우리 모두가 문화예술의 활동 주체자로 생활 속에서 신체표현활동으로 춤 예술을 즐기며 삶의 활력을 충전할 수 있어야 하겠다. 학습자들은 몸짓 동작을 발현하는 데 필요한 재능을 태어나면서부터 천부적으로 풍부하게 가지고 있다. 그들에겐 행동을 만들어내기 위한 또 하나의 구조, 천부적인 반응 형식, 움직이고자 하는 타고난 열망 등이 있다. 이러한 재능을 우리는 어떻게 활용·관리하고 있는가?

현대 춤의 특징 중 하나로서 60년대 아방가르드 실험적인 접근의 한 방법으로서 도시의 빌딩 지붕에서 벌어진 실험 춤의 장점은 그것이 감성적인 면을 다룬다는 것이다. 온몸을 활용하거나 몸의 한 부위만을 집중적으로 활용하여 관계 몸 표현 놀이를 통해 서로 교감하는 과정 속에 집중력과 사고력 확장으로 문제해결력과 순발력이 향상되고, 유쾌함과 친밀감 형성으로 자존감 회복과 공동체 형성을 얻을 수 있는 과정의 프로그램을 교사들과 진행하여 교육 현장에서 학생에게 적용할 수 있으며 문화예술교육의 이해를 돕고 체험을 통한 소통의 기회를 가짐으로서 공동체 의식은 더욱 강화된다. 또한 참여하는 동료들과의 일상의 몸과 접촉즉흥으로 소통하는 움직임 과정을 통해 우리에게 개개인의 인격을 존중하고 상대를 배려할 줄 아는 등의 매너 있는 사람으로 성장시켜준다.

이 시대가 요구하고 있는 창의와 인성을 함양하는 다양한 매체를 활용하여 융합과 통합이 함께 소통하는 문화예술교육으로서 몸 표현 활동 프로그램이 개발되고, 발전되어가야 한다. 그리고 나이 성별과 관계없이 몸 표현 활동에 관한 문화예술경험은 더욱 중요한 위치를 차지한다고 볼 수 있을 것이다. 균형과 조화가 잘 이루어진 훌륭한 몸 표현 활동은 누구에게나 삶의 의미와 학습 경험을 살려 아름다움을 추구하는 동시에 다른 사람과 소통하는 언어적 기능을 통해 자신과 세계를 이해하는 철학적 기능을 가지게 되는 것이다. 동시에 몸 표현 활동을 통해 건강한 체력을 길러 자신감을 키워주며, 감성과 이성의 조화로운 발달을 도모할 수 있다. 그리하여 적극적인 미적 체험과 창의적 표현 능력을 육성할 수 있다.

예술 춤이나 춤 예술 교육에 있어서 창작이라는 경험은 인간이 생각하는 것을 신체를 중심으로 상상과 자유 속에서 표현하고 학습하여 자기의 개별성과 협동심을 함양하는 순수한 표현의 세계이다. 지금까지 예술이 소수 특권층이나 일부 감상자의 전유물로 국한되어 있는 인식의 변화에 발맞추어 예술교육에 있어서도 그들에게 치우쳐 있던 교육현실을 점진적으로 개선해나가야 한다. 그러기 위한 진정한 예술교육은 참된 예술을 판별할 수 있는 능력을 고양시키고, 이러한 능력을 갖춘 예술가를 양성하는 교육이 되어야 한다. 뿐만 아니라 누구나가 필요로 하고 생활 속에 참여할 수 있는 기초교육으로 전환되어야 한다.

이 시대가 요구하고 있는 창의와 인성을 함양하는 다양한 매체를 활용하여 융합과 통합이 함께 소통하는 문화예술교육으로서 몸짓 표현 프로그램이 더욱 많이 개발되고, 지역사회에 활발하게 활성화되어 일상에서 우리 모두가 몸으로부터 마음의 행복을 누리는 건강한 삶으로 나아가기를 바란다.

참고문헌

강미희(1997), 「히지가타 다츠미(土方巽)의 부토관(舞踏觀)에 관한 연구」, 경성대학
    교 석사학위논문

고경화(2003), 『예술교육의 역사와 이론』, 서울: 학지사

곽삼근(2016), 『현대인의 삶과 문화예술교육』, 서울: 집문당

김광명(2010), 『인간의 삶과 예술』, 서울: 학연문화사

김인옥(2016), 「통합문화예술교육이 학교미술교육에 주는 시사점 연구」, 한국교원
    대학교 석사학위논문

김재만(1980), 『듀이철학』, 서울: 배영사

김채현(2008), 『춤, 새로 말한다, 새로 만든다』, 서울: 사회평론

김태원(2003), 「한국의 춤 교육정책」, 한국춤평론가회, 『춤 저널』 통권 제18호

노양진(2009), 『몸 · 언어 · 철학』, 경기: 서광사

데스몬드 모리스 저, 박성규 역(1994), 『접촉』, 서울: 지성사

루돌프 슈타이너 저, 김성숙 역(2001), 『교육은 치료다』, 서울: 물병자리

류분순(2000), 『무용 · 동작 치료학』, 서울: 학지사,

박준영(2004), 『교육의 철학적 이해』, 부산: 경성대학교 출판부

박준영(2007), 「듀이(John Dewey)의 생활예술론과 교육」, 한국교육사상연구회

박준영 · 강미희(2008), 「즉흥 춤이 생활경험예술로서 지니는 교육적 가치」, 한국교
    육사상연구회

백령(2015), 『통합예술교육이란 무엇인가?』, 서울: 커뮤니케이션북스

서용선(2012), 『혁신교육 존 듀이에게 묻다』, 서울: 도서출판 살림터

성도의(2012), 「문화예술교육 프로그램이 아동 · 청소년의 자기효능감에 미치는 영

향 연구」, 숙명여자대학교 석사학위 논문

송도선(2004),『존 듀이의 경험교육론』, 서울: 문음사

송미숙 외(2014),『문화예술교육의 이론과 실제』, 서울: 레인보우북스

신시아 J. 노박 저, 서진은 역(2000),『접촉에 의한 즉흥 무용의 이해』, 서울: 금광

안나 할프린 저, 임용자 · 김용량 역(2002),『치유예술로서의 춤』, 서울: 물병자리

안신희(2007),「무위 자연 관점에서 본 접촉즉흥」, 성균관대학교 박사학위논문

오세곤(2011),『예술강국 문화대국』, 서울: 순천향대학교 출판부

유은지(2014),「통합형 문화예술교육에 근거한 학교 문화예술 교육과정 분석」, 영남
    대학교 석사학위논문

윤미정(2005),「접촉 즉흥의 의미, 움직임의 철학」, 한국철학회지

이동연(2008),「문화예술교육, 그 이념과 가치」, 문화예술교육 4차 포럼: 문화예술
    교육 평가와 전망, 서울: 문화관광부, 한국문화예술교육진흥원

이상일(2012),『총체예술에서 융 · 복합예술로-몸이 드라마다』, 서울: 푸른사상

이원현(2013),「진정한 중류층의 삶과 문화예술교육」, 경상남도문화예술회관, 경남
    2013 August vol. 141

이정화(2014),『문화예술교육의 이해』, 서울: 커뮤니케이션북스

임학순(2006),『문화예술교육사업과 파트너십』, 서울: 북코리아

정명화 외(2005),『정서와 교육』, 서울: 학지사

조광제(2004),『몸의 세계, 세계의 몸』, 서울: 이학사

조혜정(2000),『학교를 거부하는 아이, 아이를 거부하는 사회』, 서울: 또하나의문화

존 듀이 저, 박철홍 역(2012),『아동과 교육과정 경험과 교육』, 서울: 문음사

최관경 외(2003),『교육사상의 이해』, 서울: 형설출판사

허버트 콜 · 톰 오펜하임 저, 주은정 역(2013),『뮤즈 학교에 가다』, 서울: 디자인하우스

Desmond Morris(1997), *PEOPLE WATCHING*, 김동광 역(2004),『피플워칭-보디
    랭귀지 연구』서울: 까치

John Dewey(1902), *The Child and the Curriculum, Experience and Education*

_____(1917), "The Need For a Recovery of Philosophy" In John Dewey: *The Middle Works*, Vol. 10, 3

_____(1916), *Democracy and Education*, New york: Macmillan Co.

_____(1916), *Democracy and Education*, 이홍우 역(2010),『민주주의와 교육』, 경기: 교육과학사

_____(1934), *Art as Experience and Nature*, 이재언 역(2003),『경험으로서의 예술』, 서울: 책세상

_____(1958), *Experience and Nature*, 신득렬 역(1982),『경험과 자연』, 대구 계명대학교 출판부

Joyce Morgenroth(1987), *Dance Improvisations*, 김귀자 외 역(1995),『즉흥무용 교육법』, 서울: 현대미학사

Margaret N, H'Doubler(1940), *Dance: A Creative Art Experience*, 성미숙 역(1994),『창조적 경험으로서의 춤』, 서울: 현대미학사

Richard Shusterman(2000), *Body Consciousness*, 이혜진 역(2010),『몸의 미학, 신체미학-솜에스테틱스』, 서울: 북코리아

강미희(姜美姬) 경력 · 공연 · 교육 활동 연보

1964	경남 통영 출생
1969	제정희 무용연구소 입문
1974~1978	사사 엄옥자 교수(한국무용가, 국가중요무형문화재 제21호 승전무 예능 보유자, 전 부산대학교 사범대학 체육학과 교수, 전 부산국립국악원 예술감독)
1976	일본 기독교 대중신문사 초청 독무 공연으로 국제무대에 데뷔
1983	경남 통영시 통영여자고등학교 졸업
1983	부산 경성대학교 예술대학 무용학과 입학, 현대무용 전공/ 지도교수: 남정호 교수(현 한국예술종합학교)
1983~1985	제 5, 6, 7회 대한민국 무용제 출연(안무: 남정호)
1983~1991	남정호 현대무용 개인공연 출연
1984	부산 경성대학교 예술대학 무용학과 제1회 재학생 무용발표회(안무: 여행)
1984	서울 국제현대무용제 출연(안무: 남정호)
1985	부산 경성대학교 예술대학 무용학과 제2회 재학생 무용발표회(안무: 초록빛 거울)
1985	서울 한국무용제전 출연(안무: 남정호)
1986	한국 부산 KBS방송국 무용 콩쿨 현대무용부문 동상
1986	서울 창무 큰 춤판 참가(안무: 남정호)
1986	부산 사인화랑 이정형 초대전 교류 "원의 꼬리" 실험 공연 발표
1987	부산 경성대학교 예술대학 무용학과 졸업 작품 발표회(안무: 원의 꼬리)
1987	부산 경성대학교 예술대학 무용학과 졸업
1987	서울 바탕골 초청공연 남정호 현대무용 출연
1988	동인단체 창단. 주-ㅁ현대무용단 창단 단원 활동
1988	제1회 주-ㅁ현대무용단 정기공연 "O지대" 발표
1988	제1회 주-ㅁ현대무용단 여름 야외공연(공동안무: 한 여름 밤의 꿈)
1988	부산 경성대학교 무용학과 졸업 작품 발표회(축하공연 안무: 초상)

1989	제6회 현대무용 신인 발표회(서울) "O지대"로 데뷔
1989	제2회 주-ㅁ현대무용단 정기공연 "몽(夢)" 발표
1989	서울 바탕골 초청공연(안무: 몽(夢))참가
1989	서울 국제현대무용제(안무: 남정호) 출연
1990	제3회 주-ㅁ현대무용단 정기공연 "표류" 발표
1990	A.D.F SEOUL 전 과정 수료
1989~1991	강미희 현대무용학원 원장 역임
1990	포항공대 초청공연 "표류" 참가
1990	부산 여름무용축제 야외공연(공동 안무: 여름 맞이) 발표
1990	부산 젊은 춤꾼 9인전 공연(안무: 방(Room)) 발표
1990	제12회 서울 무용제(안무: 남정호) 출연
1990	서울 바탕골 소극장 초청공연(안무: 방(Room)) 참가
1991	부산 여름무용축제 야외공연(안무: 여름 나들이) 발표
1991	부산 바다축제 초청야외공연(안무: 가을 나들이) 발표
1991	제3회 춘천 국제 인형극 페스티발 초청공연 "여름 나들이" 참가
1991	제4회 지역 간 연합무용제전 전북 내장산 공연(공동안무: 단풍과 춤의 만남) 발표
1992~1993	사사 - 일본 유학 부토(舞踏)전위무용가 다나카 민(田中泯) 선생, 마이 주꾸(舞塾)단체 공동체수업, 일본 白州 Summer festival, 종합예술 아트 캠프 白州 Work shop 참여
1992	일본 도쿄 Plan- B(안무: "Tree" 다나카 민) 출연
1992	일본 白州 Summer Festival 아트캠프 Workshop 참가
1992	일본 白州 Summer Festival(안무: "봄의 제전" 다나카 민) 출연
1992	일본 사이또 기념 Festial(마쯔모또) Opera "Oedipus Rex(지휘: Seiji Ozawa, 연출: Julie Taymor)" 무용수로 출연
1992	일본 홋카이도 삿포로 예술의 집(안무: 봄의 제전) 출연
1992	일본 도쿄 아카사카 라포레 뮤지업 출연(안무: "Tree" 다나카 민) 출연

1993	일본 도쿄 Plan- B 마이주꾸 정기공연(안무: "추상") 발표
1993	일본 신시로(안무: "불의 제전" 다나카 민) 출연
1993	일본 도쿄 Plan- B 출연(안무: "풀의 배" 다나카 민)
1993	일본 白州 Summer Festival 아트캠프 Workshop 참가
1993	일본 白州 Summer Festial(안무: "오래된 푸른 땅" 다나카 민) 출연
1993	일본 사이또 기념 Festial(마쯔모또) Opera "Jeanned Arc au Bucher(지휘: Seiji Ozawa, 연출: Georges Wilson)" 무용수로 출연
1993	일본 도쿄 아카사카 라포레 뮤지업 출연(안무: "풀의 배" 다나카 민) 출연
1993	일본 도쿄 Plan-B 마이주꾸 공연(안무: 다나카 민) 출연
1994~1996	주-ㅁ현대무용단 3대 회장 역임
1994	제11회 현대무용 신인 발표회(객원안무: "물과 꿈") 발표
1994	제2회 주-ㅁ현대무용단 스튜디오 기획공연 참가 강미희 퍼포먼스 "이미지-일기" 발표
1994	양산 원동 자연 휴양림 야외 퍼포먼스 이미지-"돌과의 만남" 발표
1994	제3회 부산무용제 참가(안무 "황무지") 발표
1994	울산 울기 등대 야외 퍼포먼스 "이미지-등과 등대" 발표
1994	울산 백련정 야외 퍼포먼스 "이미지-강물 속의 나" 발표
1994	홍수진 시집 "오늘밤 내 노래는 잠들지 않는다" 출판기념회 축하 퍼포먼스 "이미지- 촛불과 숯" 발표
1994	제4회 부산무용제 참가(안무 "표류") 발표
1994	부산 SAY 소극장 기획 공연(안무: "이미지-향수") 발표
1995	제8회 주-ㅁ현대 무용단 정기공연(안무: "추(錘)") 발표
1995	울산 척과리 프리 잼 페스티벌 야외 퍼포먼스 "이미지-연못 속의 나" 발표
1995	서울 바탕골 소극장 초청공연(안무: "추(錘)") 참가
1995	제3회 부산 SAY소극장 기획공연(안무: "사계-겨울") 발표
1996	무용단 미야(Miya)아트댄스컴퍼니 설립

1996	제16회 통영예술제(안무: "이미지-촛불 속의 유년") 발표
1996	96 白州 아트캠프(안무: 남정호) 출연
1996	96 CAPPING 일본 국제 미술 교류전 갤러리 퍼포먼스 "그림 속의 하루" 발표
1996	중소도시 순회공연, 거제 대우중공업 초청공연(안무: "추") 참가
1996	제37회 국제신문 문화 광장「부산춤-오늘 그리고 내일」심포지엄 인터뷰 참가 공연(안무: "나의 노래") 발표
1996	제1회 강미희 춤 공연(안무: "물(物)의 시간") 발표 경성대학교 콘서트홀
1997	부산 경성대학교 대학원 체육학 석사 졸업(학위논문:「히치가타 다츠미 (土方巽)의 부토관(舞踏觀)에 관한 연구」)
1997	제10회 주-ㅁ현대무용단 정기공연(안무: "몽") 발표
1997	제214회 가람 화요음악회-춤이 있는 화요음악회(안무: "춤의 변주곡 OP.1") 발표
1997	제2회 부산 국제 해변 무용제 참가(안무: "표류") 참가
1998	일본 98 白州 아트캠프 댄스 페스티발 초청공연(안무: 전설) 발표
1999	강미희 무용 창작 Open Class 동래교육청(요청 장학 시범수업)
1999	중요무형문화재 제21호 승전무 전수자
1998~2000	인간문화재 엄옥자 원향춤 연구회 연구위원
1998~2003	부산 브니엘 예술 중·고등학교, 창작·현대무용 실기 전임
1998~2006	"춤과 생활" 창작무용원 설립 및 운영
1999~2000	진주 경상대학교 인문대학 민속무용학과 퍼포먼스 시간강사
1999	제2회 강미희 춤 공연 (안무: "환영의 성(幻影의 成)") 발표 부산문화화회관 중극장
1999	부산 브니엘 예술고등학교 예술제 군무 (안무: "물(物)을 긷는 아이들") 발표
1999	진주 경상대학교 인문대학 민속 무용학과 실기 강사 워크숍 야외공연(안무: "정령들의 향연") 발표

1999	김석중 사진과 춤의 만남-즉흥 퍼포먼스 "이미지-난과 여인" 발표
2000	부산 브니엘 예술고등학교 예술제 군무(안무: "푸른 휘파람") 발표
2000	제3회 강미희 춤 공연(안무: "끊임없는 느낌") 발표 부산문화회관 중극장
2001	명동초등학교 요청시범수업(동래교육청) 초등교육 "창의력개발수업"
2001	경남 통영시인 문학회 초청 퍼포먼스 "시와 나" 발표
2001	부산 브니엘 예술고등학교 예술제 군무(안무: "인형의 집") 발표
2001	부산 브니엘 예술중학교 예술제 특별출연(안무: "인형의 집") 참가
2002~2011	동서대학교 임권택 영화예술대학 연기과 시간강사
2002	제4회 강미희 춤 공연(안무: "미야(美野)") 발표 서울 예술의전당
2002	제4회 강미희 춤 공연(안무: "미야(美野)") 발표 부산 민주공원 소극장
2002	서울여성문화예술기획 초청 일반여성 춤 창작 워크숍 "내 몸과 마주하기" 초청강사
2002	시민문화연대주최 문화 캠프 춤 창작 워크숍 신체훈련 초청강사
2003	남양주 세계 야외공연축제 초청공연 (안무: "나무") 발표
2003	즉흥음악 연주가그룹 시찌쥐와의 즉흥 퍼포먼스 "소리와 춤" 발표
2003	제주 여성민우회 초청 춤 워크숍 "내 몸과 마주하기" 초청강사
2003	경남 진해 여성의 전화 초청 춤 워크숍 "내 몸과 마주하기" 초청강사
2003	드라마가 있는 춤 강미희& 미야아트댄스컴퍼니 신작(안무: "코뿔소") 발표 부산문화회관 중극장
2003	부산 시립극단 정기공연 제17회(안무: "보이책") 참가
2004	제6회 서울여성영화제 『Wffisian's Night』 초청 퍼포먼스 "전설" 발표
2004	부산 시립극단 제19회 정기공연(안무: "환생구역") 참가
2004	경성대학교 예술대학 교수예술제 Faculty Show 오프닝 이벤트 퍼포먼스 "전설" 발표
2004	부산 국제 즉흥 춤 축제 참가
2004	「부산광역시아동청소년회관 주최」 2004 기쁨을 나누는 가족집단상담캠

프 "가족신체를 통한 창작 워크숍" 초청강사

2004   지도자과정교육요원 직무연수 초청강사(부산광역시 학생교육수련원)
"춤과 생활 창작 워크숍"

2004   부산광역시 아동청소년회관 주최 "우리 모두 하나 되는" 멘토 · 또래 상
담자 집단상담 캠프 초청강사 "신체움직임과 나의 만남"

2004   제6회 국제심리치료 워크숍 중 무용치료(서울여자대학교 특수치료전
문대학원) Graduate School of Professional Therapeutic Technology
(Body Psychotherapy and Moving Cycle) 총 20시간 수료

2004   한국심리치료학회 2004년 정기학술대회 참가 "아동을 위한 표현예술 치
료적 접근"

2004   100만평문화공원조성범시민협의회 시민참여문화행사 퍼포먼스 "길 위에
서" 발표

2004   제6회 강미희 춤 공연(안무: "오아시스") 발표 부산 경성대학교 소극장

2005   제7회 강미희& 미야아트댄스컴퍼니 신작무대(안무: "그녀의 몸짓 메아
리가 되다") 발표 경성대학교 콘서트홀

2005   부산국제어린이영화제 제1회 국제 어린이 여름영상캠프 초청강사 "이미
지 연출에 관한 창의력 신체 워크숍 지도"

2005   미야(美野)아트댄스컴퍼니 기획 "일반인 대상 아트캠프 척과 신체 조형
활동을 통한 창의력, 정서치유의 체험학습" 지도

2005   아트캠프 척과 반용 저수지 강미희 야외 퍼포먼스 "전설" 발표

2005   부산광역시 아동청소년회관 주최 "우리 모두 하나 되는 멘토 멘티 또래
상담자 집단 상담캠프 초청강사

2005   참교육한마당 북부 초등 교사 직무연수 초청강사 "신체표현활동과 나의
만남"

2005~2007   부산솔빛학교 방과 후 자폐 · 다운증후군 아동 무용치료 강사

2006   경남 특수분야 교사직무연수 "성폭력예방" 춤 치료 초청강사

2006~2007   부산 경상대학 스트리트 댄스과 시간강사

2006	日本 The NIPAF Asia Art Series 06 Performance Art Shinsyu (Nagano) Summer Seminar 참가
2006	제11회 NIPAF Asia Performance Art Series 06 Asia meets Latin America JAPAN 4City Performance(도쿄, 나가노, 나고야, 쿠마가야) 4개 도시 투워 총 8회 퍼포먼스 참가
2006	부산광역시 아동보호복지센터 주최 "쑥쑥 크는 문화교실" 지도강사
2006	미야(美野)아트댄스컴퍼니 기획 "일반, 가족대상 아트캠프 척과 자연, 신체, 조형 활동을 통한 창의력, 정서 치유의 체험학습" 지도
2006	아트캠프 오리 강미희 야외 퍼포먼스 "바람을 따라" 발표
2006	오리 사람들전 초청공연 야외 즉흥 퍼포먼스 "풍경" 발표 아트인오리
2006	강원도 홍천 최승희 춤축제 무궁화 거리 야외 퍼포먼스 "전설! 전설 2" 발표
2006	제7회 부산 포크댄스 연구회 발표회 참가
2006	부산솔빛학교 "창의력 개발 수업 Open Class"
2007	강미희& 미야아트댄스컴퍼니 신작(안무: "꽃신") 발표 문화회관 중극장
2007	제12회 부산국제영화제 부대행사(안무: "전설! 전설 3") 발표
2008	부산 경성대학교 대학원 교육학과 박사수료
2008	즉흥춤이 생활경험예술로서 지니는 교육적 가치(등재지 교육사상연구회 제22권 제1호 소논문 발표)
2008	부산 동암학교 정서장애 아동 율동치료 강사
2008	부산 상시협 상담활동가 소진방지 프로그램 "정서치유1, 2 바디 웍" 강사
2008	부산 성폭력 상담소 청소년 피해자 정서치유 바디 웍 강사
2008~2009	부산성폭력 상담소(부산, 울산, 대구보호관찰소) 바디 웍 초청 강사
2009	부산경성대학교 교육학과 외래교수
2008	제11회 달맞이 언덕 철학축제(안무: "달빛전설") 발표
2008	제8회 서울 국제즉흥춤축제-12시간 파이널 릴레이 즉흥파티 참가

2008	강미희 Solo Dance Performance(안무: "등(燈) The Lamp")부산 민주공원 소극장
2009	이상화 문학제 초청-상화시 퍼포먼스 "통곡" 발표 이상화 고택 앞마당
2009	(사)대구예술무용협회 주최-오방명무(선유도)(안무: "통곡") 발표 스페이스 콩코드
2009	제1회 제주열린 춤 포럼 주최-제주섬에서 만나는 춤과 삶의 상상력 쏠랑 야외 춤판 참가 퍼포먼스 "TIME" 발표
2009	제10회 서울 국제즉흥춤축제-부산 국제즉흥춤축제 참가
2010	부산광역시 여성회관 주최 다문화 패밀리 데이 초청 강사
2010	문화체육관광부 부산광역시 부산문화재단 주최 우수문화예술교육지원 사업 2010 우리 모두 하나 되는 다문화 가정을 위한 생활치유의 춤 주관 (협력기관: 부산광역시 여성회관)
2010	부산광역시 주최 여성폭력피해자 지원기관 실무자 및 강사POOL 워크숍 초청강사(장소: 부산여성가족개발원)
2010	통영연극예술축제 (안무: "전설! 전설 4") 초청공연 발표
2010	강미희& 미야아트댄스컴퍼니 신작(안무: "사마리아의 우물") 발표 금정 문화회관
2010	우수문화예술교육 프로그램지원사업 "우리 모두 하나 되어" 워크숍 퍼포 먼스 발표 부산광역시여성회관 5층 대강당
2010~2016	문화체육관광부, 한국문화예술교육진흥원, 부산광역시 부산문화재단 부 산문화예술교육지원센터 지역사회문화예술교육 지원 사업 대상별(성매 매피해청소년, 성폭력피해 아동·청소년, 일반아동, 청소년, 일반인, 발달 장애 아동·청소년·청년 등) 프로그램 30차 지원사업 기획 운영
2011	문화체육관광부, 부산광역시, 부산문화재단 문화예술교육지원센터 사회 문화예술교육 지역사회 문화술교육 활성화 지원 사업 주관 성매매 피해청 소년을 위한 새로운 나를 찾는 접촉 동작의 춤 '푸르미들에게 날개를' 30 차 프로그램 진행(서구: 신나는 디딤터, 금정구 구세군 샐리홈)

2011	제4회 부산 국제즉흥춤축제 릴레이 즉흥 참가 부산대학교아트센터
2011	부산문화재단 부산문화예술교육지원센터 개관축하 퍼포먼스 "전설! 전설 5" 발표
2011~2016	부산 여성의 전화 성폭력전문상담원 교육 지원프로그램Ⅱ-신체표현활동을 통한 심리치료 특강
2011	문화관광부, 부산광역시 부산문화재단 자율연구모임 BAL 자연·생활·예술·신체가 교감하는 문화예술교육 프로그램 개발
2011	지식공유네트워크 모음(MOUM) 사회문화예술교육의 우수한 사례, 부산 문화예술교육 우수 단체 사례 발표
2011	강미희& 미야(美野)아트댄스컴퍼니 신작(안무: "정(精)") 발표
2012	부산광역시 문화 복지 전문 인력 역량강화 워크숍 "예술의 치유적 힘 느끼기" 초청강사
2012	부산 국제즉흥춤축제 릴레이 참가
2012	강미희& 미야(美野)아트댄스컴퍼니 신작(안무: "물 긷는 여인들") 발표
2012	문화관광부, 부산광역시 부산문화재단 자율연구모임 BAL 누구나 함께하는 몸 놀이 워크숍 문화예술교육 프로그램 개발
2012	우수 문화예술교육 프로그램 개발 공모사업 통합교과형 문화예술교육 프로그램 개발 초등 3, 4학년 창의와 감성을 위한 신체표현활동 프로그램 개발 연구
2012	문화체육관광부, 부산광역시, 부산문화재단 문화예술교육지원센터 사회문화예술교육 지역사회 문화예술교육 활성화 지원 사업 주관 성매매 피해청소년을 위한 새로운 나를 찾는 접촉 동작의 춤 '푸르미들에게 날개를' 36차 프로그램 진행(서구: 신나는 디딤터)
2012~2013	청소년 문화예술 돌봄 프로젝트 지원사업 '내 안의 몸짓을 찾아 애니메이션으로 소통의 날개 달기' 무용과 애니메이션을 융합한 문화예술 교육 프로그램 기획 주관(연제구: 양지터)

2013	부산 국제즉흥춤축제 릴레이 참가
2013	양산 田 연구소 토요 엄마와 함께하는 창의적 몸놀이 워크숍 초청강사
2013	부산문화재단 문화예술매거지『공감 그리고』Vol. 09에 썸머 2013 HOT REVIEW-문화예술교육 '창조성을 기대하는 부산문화예술교육축제를 꿈꾸며' 글 기고
2013	부산광역시 교육연수원-창의·인성 함양을 위한 문화예술교육으로서 몸짓 표현 활동 진행
2013	부산미남초교 교육복지 우선지원사업 창의인성복지 여름 힐링 캠프 초청강사
2013	꿈다락 토요문화학교(문화체육관광부) '하나가 되는 몸짓 토요문화학교' 기획 운영
2013	범부처 협력(여성가족부) 청소년 문화예술교육 지원사업 학교 밖 청소년, 방과 후 청소년 상상학교 기획 운영
2013	지역 특성화 문화예술교육 지원사업(부산광역시) 성매매피해여성청소년, 한부모 가정 아동 등 특정 대상을 위한 교육프로그램 기획 운영
2013~2016	문화체육관광부, 한국문화예술교육진흥원, 부산광역시 부산문화재단 부산문화예술교육지원센터 꿈다락 토요문화학교 아동, 청소년, 장애 아동·청소년 가족 프로그램 기획, 운영
2014	부산 국제즉흥춤축제 릴레이 참가
2014	창의융합 문화예술교육 프로그램 '예술과 과학의 융합 뉴미디어아트 창의 교실' TF팀 참가
2014	부산광역시 부산문화재단 부산문화예술교육지원센터의 유네스코 세계 문화예술교육 주간 기념 '문화예술교육 Days, 봄 문화예술교육 워크숍, 창의적 몸놀이' 진행
2014	부산문화예술교육지원센터『Bean' story 4』'가장 순수한 몸짓 주체자로서의 건강한 삶' 글 기고
2014	부산광역시 부산문화재단 부산문화예술교육지원센터 문화예술교육 교

원아카데미 '문화예술교육 이해와 체험' 창의·인성 함양을 위한 문화예술교육으로서 몸짓 표현 활동 진행

2014   부산광역시 문화예술행정가 아카데미 '문화적 관계 개선을 위한 창의적 몸 표현 놀이' 진행

2014   부산사하여성연합회 몸과 소통하기 초청강사

2014   부산적십자사 자원봉사활동가 소진 방지 지지기반 몸 워크숍 초청강사

2014   무용역사기록학회 제16회 국내학술심포지엄 공동체 춤에서 생태예술의 춤으로: 한국 커뮤니티 댄스의 역사와 전망–주제 I 접촉 동작 춤을 통한 푸르미 청소년의 커뮤니티 연구 사례 발표

2014   부산광역시 경제 진흥원 기업 CEO 인문학 강의 '몸의 에피소드로 소통하기' 초청 강사

2014   부산 생명의 전화 상담활동가 프로그램 '몸과 소통하기' 초청강사

2015   부산 사상구 복지관 복지사를 위한 치유몸짓 요청 수업 진행

2015   문화예술행정아카데미 '창의적 문화행정을 위해 행정과 문화예술이 소통하다 관계 개선을 위한 내 몸에 말 걸기' 진행

2015   부산 국제즉흥춤축제 릴레이 참가

2015   부산 영화관광축제 야외무대(안무: "물 긷는 여인들") 참가

2016   부산 국제즉흥춤축제 릴레이 참가

2016   부산 여성의 전화 성폭력전문상담원 교육 지원프로그램 II –신체표현활동을 통한 심리치료 특강

2016   부산동원과학기술대학 간호학과 전 학생 몸짓 프로그램 진행

2016   부산학장복지관 노인 프로그램 '섬섬옥수' 몸짓 프로그램 진행

2016   부산문화재단 부산문화예술교육지원센터 평생교육사 몸짓 프로그램 진행

2016   부산교육청 주최 교원 치유와 회복을 돕는 마인드 명상 프로그램 '몸 과 마음의 조화를 위한 표현' 지도

2016   부경대학교 평생교육원 발달장애성인 학부모교육 '몸의 발달과 정서에 필요한 소통과 교감 놀이' 지도

2017년 2월	부산 경성대학교 대학원 교육학과 박사과정 졸업 예정(박사학위논문:「청소년을 위한 통합문화예술교육으로서의 접촉 즉흥 춤 프로그램 개발」)
현재	미야(美野)아트댄스컴퍼니 대표
	춤과 생활 연구회 회장
	부산 국제즉흥춤 운영위원회 위원